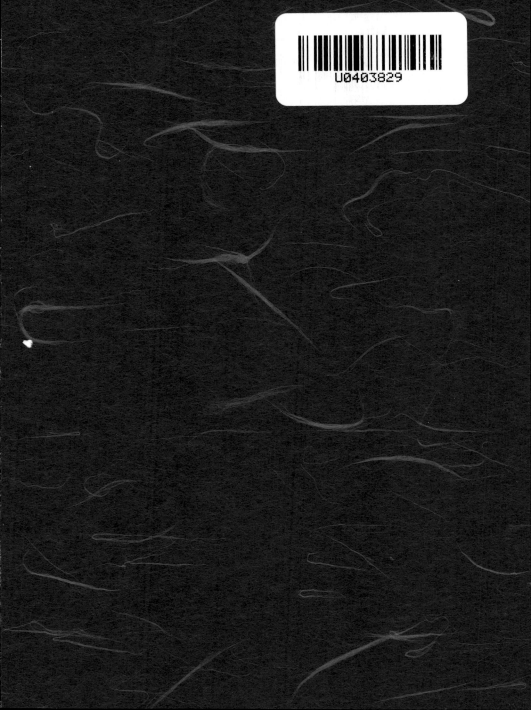

望江柏拉图研究论丛

顾问 Luc Brisson
主编 梁中和

Platon et la cité

柏拉图与城邦

——柏拉图政治理论导论

［法］普拉多（Jean-François Pradeau） 著
陈宁馨 译 梁中和 校

华东师范大学出版社

华东师范大学出版社六点分社　策划

"望江柏拉图研究论丛"出版说明

顾问：Luc Brisson

主编：梁中和

公元前387年柏拉图(428/427BC－348/347BC)创建学园从事教学，培养出亚里士多德、斯彪西波、色诺克拉底等著名学者，后来经历老学园柏拉图主义、中期柏拉图主义到新柏拉图主义兴起，众多杰出的学者在学园和柏拉图主义感召下接受哲学教育，一直持续到公元529年基督教帝王为统一思想而关闭学园，历经900载。

此后柏拉图学园传统在西方中断了近千年，文艺复兴最重要的柏拉图主义者斐奇诺在美第奇家族的支持下，于1462年恢复了关闭已久的柏拉图学园，他将美第奇家族赐给他的卡尔基庄园布置得像柏拉图的老学园一样，莽特维奇(Montevecchio)的石松林就相当于柏拉图老学园的普拉塔努斯(Platanus)树林，而泰兹勒(Terzolle)河就相当于老学园的开菲斯(Cephissus)河。在学员们聚会的大厅墙面上镌刻着各种格言，比如"万物来自善归于善"(A bono in bonum omnia dirigentur)、"切勿过度，免于劳碌，喜乐当下"(Fuge excessum, fuge negotia, laetus in praesens)，大厅里还有一尊柏拉图的塑像，像前点着长明灯。

斐奇诺效仿柏拉图,在自己家中接待友人,被接待者被称为"学员"(Academici),他们的导师被称为"学园首席"(Princeps Academicorum),他们聚会之所叫作卡尔基学园。随着斐奇诺名声日隆,他被称作"再世柏拉图"。后来随着学园中的导师增多,学员也逐渐分化成了斐奇诺派(Ficiniani)、皮科派(Pichiani)和萨沃纳若拉派(Savonaroliani)等小团体。斐奇诺还成立了"柏拉图兄弟会"(fratres in Platone),其成员也就是"柏拉图的家人"(Platonica familia),他们相互问候的话语是"因柏拉图之名祝好"(Salus in Platone)。入会的条件是博学、道德高尚、和斐奇诺保持友谊。斐奇诺在一封给友人的信中说他的兄弟会有80个弟子和朋友。

2010年7月,我们在成都望江楼公园发起了"望江柏拉图学园",望江楼是唐代遗迹,紧邻锦江,就像老学园旁有开菲斯河;园中还有茂密的竹林宛若老学园的普拉塔努斯树林,公园免费对外开放,人们在里面漫步、纳凉、品茗都十分适宜。我们正是在这里,开始了系统地对柏拉图对话的研读和讨论。6年来,前后有60余名学员在这里学习、交流,后来有些远赴重洋,有些在国内诸多著名高校继续相关研究,他们的学科背景和研究所涉及的学术领域包括哲学、数学、文学、历史、法律、宗教、艺术,等等,他们中有很多人在经历了柏拉图思想的教育后踏上了继续探寻真理与意义的道路。

目前,望江柏拉图学园的主要活动包括:每年举行柏拉图诞辰与逝世(11月7日)纪念活动;柏拉图对话的阅读与解释;柏拉图主义著作集体翻译与解读;柏拉图式对话训练;组织与柏拉图对话相关主题的讨论;相关影视作品放映和赏析;面向四川大学本科学生开设阅读柏拉图经典对话的文化素质公选课。学园组织的系列讲座和论坛有:ΦIΛIA讲座(学界同仁来学园的免费交流讲座);ΣOΦIA系列专题讲座(邀请学者来学园做的系列专题讲座);

ΑΛΗΘΕΙΑ 古希腊哲学论坛（定期召开的全国小型专业学术论坛）；ΦΙΛΑΝΘΡΩΠΙΑ 文艺复兴思想论坛（不定期召开的全国小型专业学术论坛）；ΠΑΙΔΕΙΑ 系列专题讲座（针对特定人群开设的哲学教育讲座）；ΙΔΕΑ 哲学通识论坛（不定期举行的哲学主题沙龙）。（详见学园官网 http://site.douban.com/106694/）

本论丛是继学园主编"斐奇诺集"之后新开辟的译文和著作集，为的是发表和翻译国内外柏拉图研究方面的经典或前沿著作，为更广大的人群，从不同方面、不同领域接触和了解柏拉图思想，为柏拉图思想在中国的传播做出一点努力，也希望人们通过柏拉图的思想，爱上思考，爱上智慧。

因此，在本论丛开启之际，我们也同时欢迎和邀请学界和社会上所有感兴趣的专家、学友，同我们一起撰写、翻译和推荐优秀的著作、译作，我们会酌情考察、采纳乃至出版。

成都·望江柏拉图学园

2015 年 11 月 7 日

本书献给

吕克·布里松(Luc Brisson)

目 录

引言 /1

第一章 "吾非政治家"(苏格拉底) /8
    苏格拉底对抗母邦 /8
    雅典海上帝国的沉没:《墨涅克塞努斯》 /12
    政治能力 /31

第二章 《理想国》中的政治心理学(灵魂论) /38
    更大的灵魂是城邦 /38
    服务城邦 /46
    政治科学(与政治) /56

第三章 制作城邦:《政治家》 /61
    政治技艺的必要条件 /61
    政治的对象 /68
    政治造物主 /76
    法律与生活的方式 /84

第四章　城邦生命:《蒂迈欧》与《克里提阿》/96
　　　城邦的宇宙 /96
　　　政治生命体 /100

第五章　城邦,政治的宇宙:《法义》/112
　　　政制形式的法律 /113
　　　城邦的体制 /117
　　　宇宙的秩序 /131

结语 /140
参考文献 /142
附录　英译本序言 /151

译后记 /156

引 言

> 离开"一"去想"多"是不可能的。
>
> ——《巴门尼德》166b1-2

公元前428年,柏拉图出生的时候,雅典已经与斯巴达及其同盟军交战了三年,并且仍然笼罩在瘟疫带来的死亡阴影中——这场发生于公元前430—429年间的瘟疫,夺走了她四分之一的子民。而在柏拉图去世的那一年,公元前347年,雅典帝国成为了遥远的记忆,马其顿王国的腓力二世已经与希腊同盟正式达成协议,他很快就会成为希腊的统治者。这种背景下,柏拉图却并没有着意描述或分析雅典民主制的黄昏,反而试图去终结它。正因如此,面对通常摆在一个受过良好教育的民主反对派雅典青年面前的两条道路,柏拉图没有选择其中任何一条:他没有走保守的意识形态之路,也没有走学院式的对政治体制进行批判的道路,而是走向了政治哲学的道路。

柏拉图来自雅典最有权势的家族之一,贵族出身替他在反对民主制的贵族团体中保留了一席之地。他却对此弃之如履,就像他摒弃城邦中的任何一个利益集团一样。他本人从不曾为了实现改良或为民主制寻找替代品,而去考察权力行使的条件和城邦法规的施行状况。大约公元前387年,在向雅典人民开放的柏拉图学园中,这项观察和调查的工作无疑曾开展过——就学园培养它的学员们参与城邦事务而言,它在一定程度上具有政治性目的。①但这种以改良为目的的对政体的检验,并不符合柏拉图对话的研究方式(反而,我们可以在他的弟子,亚里士多德的作品中找到这种形式的检验)。比起批判各个时期的统治者和政府的无能,比起批判公民法及公共审议制的形式,哲学所发展出的是一种前所未有的批判——批判的目的在于对城邦进行反思,并以从中得来的理论上的完美形式,代替一切已知的政治组织形式。

柏拉图式设定之所以作为"政治哲学"②的基奠,是因为它是一种与政治相关的理论探索:政治需要反思,反思的对象不是任何现时的或以往的政权,而是公共生活的性质以及进行公共生活的方式。没有建立在这种探索分析上的政治,都将是徒劳。如果人们不知道什么是公共生活,对其根源、条件以及目的也一无所知,那么城邦生活将只剩下冲突和权力争斗;而政治也不过是一个为此目的服务的噱头,它将沦为统治的手段。这正是柏拉图对话在谈及雅典和希腊世界时所非难的。出于思考,出于对城邦性质的定义,及对城邦真正利益的探索,柏拉图的哲学批判不但对雅典以及其他城邦的存在形式提出了质疑。而且还质疑了一个仅以法律和语言为纽带的城邦凭借什么,得以让柏拉图的同胞们从属于它,并成为一个共同体。柏拉图称,雅典的民主制甚至不如她寡头制或者君主制的邻居们更配称为一个城邦。但所有这些政体都只是

---

① 巴特斯(Baltes)收集和检验了所有现存的关于柏拉图学园的资料:巴特斯(Baltes),1993,页5—26。

② "政治哲学"这一表达或许需要加一个引号,因为它表示的是一种关于"政治"的哲学类观念,这种方式并不完全等同于将政治思想和哲学思想结合的研究方式。巴迪欧(Badiou),一位现代敏锐的柏拉图主义者,十分审慎地指出了"政治哲学"一词中的模糊性;详情请查阅:巴迪欧(Badiou),1992。

建立在偶然的好的习俗，或者建立在尚且合乎情理的法律上的松散集合，并且它们只能停留在这种腐朽的集合状态，却无力得偿所有政体都共有的夙愿：一种公共的生活。这里所谈的甚至不是幸福美好的公共生活，而仅仅指一种所有公民都结合在同一个城邦统一体中的生活模式。

衰竭这个词特别用来定义生命体的颓败过程——这正是柏拉图的同时代人发现自身所处的状态。柏拉图简洁有力地评价道：这些人糟糕地生活在一些被糟糕地建立又被糟糕地治理的"城邦"里。并不像那些拥护寡头政治的民主反对派所说的，这种错误绝不是历史进程带来的后果，责任不能被推卸给自波斯战争（公元前5世纪初）以来，雅典道德的衰弱。对所有人类群体而言，真正的威胁是冲突和争执；而雅典民主制正为此提供了触目惊心的例子，她还将不断重复那个古老谎言：每个公民都有能力做每件事，每个人都可以插手管理城邦。但民主制的自我宣传和它变化多端的诡辩只能产生和传播假象，它无非是替乱党、公民的争执以及意见上的迷惑，分别披上城邦、真正的国家以及对真理的探索的外衣罢了。而柏拉图的政治批判正致力于指出，一个人群的松散集合必然不是城邦，争执并非公共生活的正常模式，意见也绝不是真理。因此，这种批判必然要澄清城邦的概念，澄清真理之知识的概念，并找到城邦团结的条件以及一种能够避免争斗和腐败的公共生活。我们可以辨认出，这正是《理想国》的纲领，这篇对话将关于真理的探索与关于完美政治的探寻相结合；这也是《政治家》、《克里提阿》以及《法义》的纲领，稍后的研究会对此进行展开论述。总之，本书的首要目的在于强调柏拉图研究的创新性，以及政治在其中的优先地位；其次，本书也力图展现柏拉图是如何一以贯之地来组织自己的理论。

柏拉图的所有对话都对"政治应来源于思想"这一命题信心十

足。我们可以从这个设定出发，去复原和理解柏拉图政治学说中四个要点：

1. 政治学说首先要拥有一个情境，或者说背景：雅典民主制度对于个人乃是一个堕落的环境（雅典的公民是不幸的，是患病的生灵，他要么掌握着一点不够充分的知识，要么就全然无知）。这种背景激发了：

2. 这样的决定：使得人类族群的政制形式让步于人类真正的利益，也即知识（有智慧的灵魂）。柏拉图因此认为，对城邦的统治应该建立在对真理的知识之上。

3. 这项决定受到以下的支持：古希腊的信仰认为知识的命运与公共生活的命运是相连的，不存在脱离了政治组织形式的思想，更不会有哪种好的政治会是脱离了真实的思想的。最后，预设、决定和信仰共同推演出了：

4. 一个关于城邦性质以及"政治"这一术语之意义的结论：我们将发现，这并不是一个太受柏拉图对话青睐的术语，它们时常故意将这项特别的活动含混为"王的技艺"、"政治技艺"或"政治科学"，对它的评价时而是"活跃的"，时而是"丰富的"，时而又是"理论性的"。当读者想要探寻政治在柏拉图那里究竟占有怎样的地位时，常常一无所获。但它却真实存在：存在一种政治（技艺），和其他所有技艺一样，也是一种知识。唯一值得注意的问题是，这项技艺的对象以及这种知识的性质。政治的对象是城邦的统一；而与这对象相谐的知识正是哲学。

对话中所极力阐述的统一城邦，事实上存在且仅存在于柏拉图的对话中：这种统一是一种反省，一种沉思，也是一种论辩（logos）。柏拉图也只会将建设管理城邦的任务交付予沉思。如同他在早期对话中所说，城邦政府不能是群居动物所产生的自然结果，不能是某种意见的流露和结果——哪怕这意见属于多数人，也不能受某种特殊技巧的干扰（统治的专业技艺）。并且，恰与雅典的情况相反,城邦不是集市,不是军队也不是法庭:因此统治者不可像一个商人那样行事(满足各种利益),也不可像军人那样行事(无力教化麾下的人们),更不用说像律师那样行事了(阿谀客人以及撒谎)。统治者只应该带着对城邦这一概念的反思,以思想的方式行事:他会是一名哲学家,因为只有那些能够将自己最好的部分(灵魂)奉献给对公共生活沉思的人,那些时刻思及城邦真正团结的人,能被冠以哲学家的称号。柏拉图的对话总是赋予哲学家相同的职责(要对他进行专门的训练以使其成为哲学家):即,作为有知者,应担当统治的职责。这项职责的目的便是赋予城邦以公共生活,具体说来,就是要使得公民们共同地生活,并协调他们的生活方式,使他们的知识和活动都和谐统一,并且互相兼容。因此亟待澄清的,是城邦的性质,以及为了赋予政治团体一种全新的生活模式,哲学应以何种方式对它进行认识。

聚焦城邦,使人们得以理解柏拉图介入政治思想领域的独特方式,并且得以将这些篇目串联,从而厘清柏拉图政治学说的几个主要主题(他对最好的以及最理想的政治制度的描绘,他给公民划分的"等级",这些公民生活的方式,以及他们各自的知识和技艺,权力的性质和行使,各种机构和各项法律的地位)。我们将见证,城邦如何渐渐成为这项学说的主要对象——其变化最引人注目的对象。柏拉图作品作为主题上相互融贯的整体,并没太多我们想看见的戏剧性起伏,于是对话中的转变,一群人在不同对话中的多次出现,新的探索路径,或者新的研究对象,都会包含重大的意义。就如同"理念论"这个决定性问题,在早期对话中就已经有所提及,虽然比起《斐多》、《巴门尼德》、《蒂迈欧》这些更成熟的对话,早期对话只把它当作一个疑难的、尝试性的或未完成的问题;所以这个关于城邦的问题也是如此,它也是一个贯穿了柏拉图所有著作的,不断膨胀的疑虑的对象。①

正如上文提到过的,本书旨在展现,直到"早期对话"②将城邦当作其主题,并对它进行批判性反思之前,柏拉图的政治学说都尚未展开。正是柏拉图自己,将"城邦"变成了哲学思辨之中心,跟智者和民主制空想主义者进行论战的中心,以及批判现实中一切政体的中心。而柏拉图的目的也一如既往:他之所以参与雅典的辩论,是为了以有知统治的政治蓝图,来对抗他同时代的精神与道德双方面的腐朽,是为了揭露民主制无力转变公共生活模式,也是为了将城邦定义为一种复合的生命体,人类在其中可以尽其所能地达致完善。因此他的城邦同时产生于一种思辨的探索上(我们必须去发现城邦的本质),一种历史与意识形态的批判上(它是脆弱的,我们必须提防一切来自历史的或来自同时代的腐蚀),以及一种规范性的探索上(我们必须依照确定的准则和目的来建立城邦;部署城邦以及管理城邦)。在本书中,我们将按照(假定的)对话写作顺序,来试着追随上述的各种线索;并在此过程中,不断强调,在最初柏拉图仅通过对比(或说比喻)的方式,以及相对离题的方式来关注城邦。在《政治家》之前,对话对政治学说的探索都是

---

① 我想对英国的学者们表达我的感激,我对柏拉图的解读,将我归于支持对柏拉图所有作品做"一元论"解释的那个阵营,而正是这个,引领我放弃了那受编年史颠覆的,被柏拉图的"成长"进程打乱的假设。因此,我目前的研究计划是单纯地为了方便,而采取了最广为接受的对柏拉图对话的编年(详情请阅下面的注②)。我们接下来就会看见,这种编年式的划分不可能影响柏拉图政治哲学的一致性。

② 应谨慎对待所有编年式的理论,但柏拉图的历史学家们通常都将对话划分为四个时期。根据这个理论,柏拉图(公元前 428—347)首先在公元前 399—390 年间写下了被称为"早期对话"的作品:《希庇亚斯前篇》、《希庇亚斯后篇》和《阿尔喀比亚德前篇》(如果就我的想法而言,它的真实性能够被承认的话,请查阅我在 Pradeau,2002 中的介绍)、《伊翁》、《拉克斯》、《卡尔米德》、《游绪弗伦》、《普罗泰格拉》和《吕西斯》;在前 390—385 年间被写下的是:《申辩》、《克力同》、《克拉底鲁》、《墨涅克塞努斯》、《美诺》、《欧绪德谟》和《高尔吉亚》;大致在 385—370 年间的是,《理想国》、《斐多》、《斐德若》和《会饮》;而在前 370 年直到柏拉图去世前的作品是:《泰阿泰德》、《巴门尼德》、《智者》、《政治家》、《斐勒布》、《蒂迈欧》、《克里提阿》(未完成)和《法义》。

间接的,并依赖于双关的手法——即用来定义城邦的术语还要适用于城邦的喻体。比如《理想国》就同时提及到城邦和个人:政治话语在此时还是一种"心理学"。而《政治家》则涉及到了"组织"和城邦:在这里,政治话语就变成了"技艺"。而在那之后,柏拉图的学说将其首要且唯一的关怀——城邦的统一,与城邦生活以及政治话语结合了起来;而后又与宇宙论相结合,形成了一种"动物学"或者说"城邦起源学"。①

---

① 我研究目的在于展现柏拉图政治理论的融贯性建立在何种基础之上,并且对阐释了这一理论的主要文本提供说明。因此,文中的每一章节都或多或少地会对提及对话的结构进行解释。

第一章 "吾非政治家"（苏格拉底）

苏格拉底对抗母邦

柏拉图最早期的对话，即所谓的"苏格拉底对话"，极少处理政治问题，也没有针对城邦作专门研究。对话的主人公苏格拉底在对话中表露过自己的政治态度，但这也不足以解释这种缄默——它们本身就显得模糊，而且本质上并不可靠。他的确曾在对自己的审判中说过："雅典人啊，你们心里可能都明白，如果我投身于政治，可能早就死了"（《申辩》31d7-9）；①在《理想国》中他也曾说，他的"灵明"（daimon）禁止他参与城邦事务。然而，即便苏格拉底是柏拉图对话最青睐的人物，但仅凭他的只言片语就轻易做出结论，未免像是在回避问题。因为就在苏格拉底宣称自己不是政治家的那些对话中，他同时还宣称自己比任何人都更懂政治。②

---

① 还可以参阅《高尔吉亚》，本节的标题"吾非政治家"（473e7）正是从中援引而来。

② 苏格拉底其人究竟如何，取决于读者是更倾向于历史上的苏格拉底，还是柏拉图、色诺芬和亚里士多德文献中表现出来的那个苏格拉底，请参阅 Vlastos，1991；Valstos，1994. 以及 Penner，1992，页 121—69，还有 Rowe 的《苏格拉底》（"Socrates"），2000，页 164—89。

作为雅典公民,苏格拉底曾以无与伦比的勇气三度为他的城邦而战,但他却从未参与过投票(他称自己没有能力这样做),从未出席过城邦会议(公民大会)或法庭陪审团。尽管他刻意与民主城邦的事务保持距离,与选举、审议、陪审等一干事务都撇清关系,但实际上他是为了更好地在"雅典围墙"范围以内谴责这些事务,除了因为某次战争或某次极吸引他的对话,他几乎从未跨越过这道墙。① 因此,放弃所有的公民职能会牵扯出关于教育的问题,这名从不参与投票却称自己有益于城邦的哲学家引起了一场论战,他投入到正义之战中去(《申辩》31e-32a),他自称是"且不说是唯一一个,至少是雅典少数几个掌握着真正政治技艺,而且还是现在唯一一个将这种技艺付诸实践的人"(《高尔吉亚》521d6-8)。苏格拉底所言或许显得独断,但他的言行并不相互矛盾。他的政治行为非常独特,他关注的是立场问题,以及作为个体的公民的资格。苏格拉底作为对话中批判性个体,他所采取的立场即使不被当作"教条",至少也是具有"一般性"的。正是因为知识,因为抱有的原则与雅典民主制相忤,苏格拉底才会放弃行使公民职责;另一方面,也是出于同样的知识,以及对民主制原则的了解,苏格拉底才能够批判自己的城邦。从始至终,苏格拉底攻讦雅典政府时,都是从善、真实或者正义这些原则出发,他从不会具体地谈一个"好的"议会,"公正的"法官或"真实的"政制形式是什么样子——在这个意义上说,苏格拉底的批判是一般性的,而不是具体的。或许这正好可以解释苏格拉底在早期对话中的发言总是显得模糊的原因——他对雅典民主制进行哲学批判所依循的原则,以及其中包含的内容,与现实的城邦政府之间总是存在着距离。

---

① 正如《斐德若》230b-e。"城邦事务"这个表达或者更普通的"政治事务"是用来翻译希腊文 politika pragmata 的。

而在《申辩》与更晚一些的《高尔吉亚》中,苏格拉底似乎非常关心他的城邦和公民:他逐一指出相似词语背后的矛盾和错误,总是批评说,缺少了对人们德性(卓越)而言不可或缺的准则得以实现的必要条件。雅典人正因缺少德性而饱受折磨。这个堕落的城邦陷入了煽动与暴力中,并因此深受不义、不虔、无知和恶行的威胁。为了对抗这样的现实,苏格拉底列出了一张德性的清单,既作为雅典的对照,同时也是治疗雅典的药物,早期对话构成了这张清单。① 粗浅的阅读可能会让人觉得,苏格拉底的批判虽然是针对政治堕落的,但只是一种道德批判,其实,事实并非如此。这不仅仅是因为柏拉图还没有像亚里士多德那样,对伦理学和政治学进行区分(对柏拉图来说,二者都依循同样的原则,并且个体除了作为公民的存在之外,并没有私人的、自主的存在方式),更为重要的原因在于,苏格拉底的批判本质上就是政治性的。它谴责、批判的对象包括城邦的法律、权力行使的方式、公民团体的行为、城邦领导者的无能等。然而,苏格拉底评断雅典民主制的时候,从来不会拿其他城邦的优势说事;并且,迄今为止,他还没有建构出善的城邦的蓝图或理论模型。他批判雅典,但并不是站在认为斯巴达的寡头制更优越的立场上。与卡利克勒斯所说的相反,②苏格拉底从来没有完全赞同过斯巴达派。所以才说,此时,城邦还都没有成为哲学反思的真正对象,对话并没有将城邦当作研究的专门对象。

对话尚未将城邦当作理论研究的对象,或许与对城邦讽喻式的具象化有关——当然,作为理由它并不够充分。苏格拉底指责

---

① 关于这一主题,请参阅 Brisson,1993,页 75—92。
② 在《高尔吉亚》515e 中,卡利克勒斯批评苏格拉底"耳朵被打坏了"(雅典的斯巴达党羽常进行暴力的搏斗,使得他们的耳朵残缺不全)。无论怎样,对话中并没有出现过对挺斯巴达派的宣传,柏拉图也没有对任何外国的政治制度表示过完全的赞同,或者提出任何以它们来取代民主制的可能性。

雅典的时候，总是将它与一个应备受责备的人相提并论：这个人要么德行有失，要么能力不足，要么已不幸被带入了歧途。其实在早期对话中，城邦也常以人格化的形式出现，苏格拉底会将其称为父亲或母亲（在《申辩》24b9、26b5 以及《克力同》中尤为明显，这便是"城邦、你的故乡［父亲］"[hê polis kai hê patris, 51b9-c1]这句名言的出处），①并指责那些本应回报城邦以忠诚及敬意，却没有这么做的人。这种有着寓言面貌的雅典爱国主义并不专属于柏拉图。在悲剧诗人、演说家与空想家的作品中都可以找到这种表达——无论它的作者支持民主制与否。然而，在柏拉图的批判视角中，这种拟人化却别具意味，他笔下的雅典要么是患病的，要么就是无能的。他以这种方式表明自己的立场——这种立场总是在政治论战中显得与众不同。因为他驳斥的对象是雅典的优越性与它在希腊世界中的天生霸权地位，然而，全雅典都认同这两件事情，甚至雅典社会中的不同利益团体都在此事上达成了共识。即便雅典城邦及其公民的优越性建立在极其模糊不清的论证上，但是在雅典，无论是寡头主义的拥护者，还是民主政治的辩护人，所有人都还是认为雅典帝国主义是必然的（事实上在公元前380—370年间这种共识就消融瓦解了）。柏拉图却通过三种论证使这种迷人的共识化为了泡影。

1. 雅典城邦中存在着不容忽视的争斗，其中最明显的就是发生在两个团体②之间的利益纷争。而这种团体的存在（它们其中

---

① 这种拟人化最极端的例子在《克力同》50a-54c 中，雅典的法律化身为苏格拉底的对话者。这种拟人在柏拉图所有对话中都很普遍，比如在《阿尔喀比亚德前篇》的结尾 133d-134e。

② "少数党"与"寡头党"都是为有良好出身的人代言的党派；而"民主党"则是替人民或者说多数人代言的党派。我们应谨慎面对这种对立，因为它并不完全等同于雅典政治生活中的权力关系；但同时我们也应留意这种对立，因为雅典人自己常用这种对立去总结他们的政治斗争。柏拉图也再三强调，这种对立是城邦堕落的征兆（城邦因为党系斗争，而被分裂为两部分）。

的某个甚至可能取代城邦的政府),正是一种不可调和的内讧的表现。

2. 雅典已经不是英雄时代的雅典,不是那个受到诸神青睐的城邦了:此时的雅典城邦已经不具有足以支撑霸权地位的完美了。

3. 最后,柏拉图反对了这样一种流行观点:雅典人即雅典,前者与后者同享光荣。他宣称,现在的雅典人以一种完全错误的方式对待雅典:他们正在伤害雅典,并且远远配不上往昔英雄的声望。柏拉图的批判之所以令人难以应付,是因为他一上来就一针见血地推翻了那个妇孺皆知的政治神话,正是在这个神话的基础上,人们才相信有个强大的城邦叫做雅典,她的子民都是杰出卓越的。而柏拉图对这个神话的评价是——这不仅是杜撰,而且还是一个善意的谎言。

雅典海上帝国的沉没:《墨涅克塞努斯》

或许是自波斯战争开始,每个战争年的十月,雅典都会集体向战死的士兵们致哀。在这些公共葬礼上会有人对着士兵们的遗体发表悼词。悼词都有着固定的意旨和形式,一般先是赞美死者的勇气,再是宽慰和劝勉幸存者。这种三步走的悼词(赞美、劝诫、宽慰)的意义远远不止是葬礼。对城邦而言,这是一次将所有公民聚集在为城邦而英勇牺牲的人面前,将城邦事务神圣化的机会。就像 Nicolas Loraux 所说的,葬礼悼词是一种政治讲演的形式,它非常受雅典民主制的青睐。雅典民主制利用这种讲演来表现自己与其他城邦彻头彻尾地不同——它拥有的子民是最卓越的,法律与出身让他们紧紧团结在一起,[①]因此,它可以凭借无敌的勇气去抵御任何一个希腊城邦甚至更强大的对手。所有雅典人都分享着共同的

---

① 参阅 Loraux,1986。

公民身份,从而命运相连,所以悼词演讲者在赞美死者的同时也要向生者致意。鉴于此,《墨涅克塞努斯》中的讲演者追随了诸如高尔吉亚和修昔底德(他记录下了伯里克利在伯罗奔尼撒战争发生后第一年年末做的一场葬礼演讲)等前辈的脚步,也采取了这样的形式。柏拉图与吕希阿斯(Lysias)是同时代人,又比德莫斯泰尼(Demosthenes)以及许佩里德斯(Hyperides)生活的时代要早几年。于是他选择了为那些死于科林斯战争的人撰写祭文。但柏拉图和其他的演讲者不同,他的悼词的重点并不是歌颂民主制之下的勇气。因此,之所以说《墨涅克塞努斯》是一篇政治性的葬礼讲演,只是因为它模仿了这类题材,但实际上它反对雅典民主制。

《墨涅克塞努斯》可能写成于《高尔吉亚》之后,①它延续了后者对修辞学的批判,尤其突出了对"其中那种由修辞学在法庭或其他集会上产生出来的说服"(《高尔吉亚》454e7-8)的批判。柏拉图在这篇对话中,又一次谴责了雅典民主制中滋生的政治演讲术以及其他煽动性的言论。《高尔吉亚》曾批判政府将奉承和谎言当作统治工具,这种批判既具有伦理意义(修辞学的生活方式与哲学的生活方式是对立的,后者会谴责前者),也具有政治意义(治理雅典的演说家从来没有使他们的公民得到提高,515c-517a)。但是在《高尔吉亚》中,苏格拉底没有诉诸雅典的历史,至少他从未借历史来支持自己的批判。历史事件之所以被忽略,是因为《高尔吉亚》旨在检验政治家们欲加于公民身上的那种生活方式。而现在,《墨涅克塞努斯》为《高尔吉亚》中对雅典的批判补充上了历史材料——雅典历史上最辉煌的胜利。

听众是刚从议事会离开的墨涅克塞努斯,苏格拉底发表的那

---

① 《墨涅克塞努斯》没有提及到自安塔里西斯和平之后的事情,因此它的年代被推定为386年。毋庸置疑,它刚好写作于柏拉图"回到"雅典并建立起柏拉图学园的时期,因此正如对话所展现的一样,它与柏拉图个人的政治抱负息息相关。

篇悼词，主题是赞美牺牲于科林斯战争中的雅典人的勇气（这场战争从公元前395年一直延续到前386年）。由于受到葬礼演说词（epitaphios）的体裁限制，演说者先要将战死的雅典人与他们的祖先相比，并借此赞美他们的英雄主义。所以，苏格拉底的演说也回忆了传说时代英雄们的英勇，并一路追溯到近代雅典的累累战功，这构成了演说的主要部分。如果我们将吕希阿斯①的悼词视作这类题材的典型之作，并且认同《墨涅克塞努斯》作为一篇仿作也依循了同样的规则②，那么我们将会发现这两篇悼词分别讲述了雅典光辉历史的两种开端。第一个是传说开端，它开始于雅典人的祖先取得对抗亚马逊人战争的胜利，以及忒修斯向阿德拉斯托斯伸出的援手③；第二个开端则是波斯战争④。就这两次胜利都开创或巩固了雅典霸权而言，它们其实是一回事。雅典被神化为土生民的故乡⑤，大地诞下了雅典人，养育了他们，还让他们成为了诸神的朋友。而且这些雅典人——似乎打从最一开始——就生活在一种以公共利益与公正为基础的政治体制下⑥。

---

① 这篇吕希阿斯的伪作显然要晚于伯里克利的演说，后者作为此类题材已知的第一份作品大约完成于公元前431年。本书之后提及这篇《葬礼演说》时，都将姑且不考虑他的作者是不是吕希阿斯，而直接将其认为是吕希阿斯的作品。

② 中肯地说，《墨涅克塞努斯》中的历史显得十分反常。但是在很长时间里，它都被视为关于这个主题最为成功的演说，并且其中的历史事件也被认为是十分真实的（以及真诚的）。而哈利卡纳苏斯的狄奥尼修斯（Dionysius of Halicarnassus, c. 60-c. 8bc）对它的证实甚至误读也颇具启发性。狄奥尼修斯研究了《墨涅克塞努斯》，几乎赞同它的一切，但是他强烈地批判了其中部分他认为过于夸张或者不协调的章节，他认为这些章节影响了这篇对话的完美（《德莫斯泰尼》，5—7以及23—30；还有《论写作》[*On Literary Composition*]中的9—18）。

③ 吕希阿斯，《葬礼演说》，页4—10。

④ 同上，页20—53。

⑤ 同上，页17；《墨涅克塞努斯》，237b6。

⑥ 吕希阿斯总是说"民主"，但是苏格拉底（或者说阿丝帕西娅）则并不太注意术语的使用，但在对于政府的性质上更为谨慎："它实际上是一种经由多数人赞同而建立的贤人政制"（《墨涅克塞努斯》，238d1-2），因为它既考虑平等也考虑出身（isonomia与isogonia）。

第一章 "吾非政治家"（苏格拉底）

葬礼演说利用关于雅典优越性的历史证据，大肆地宣传了雅典民主制。

这些葬礼演说的特别之处在于，无论它们引述的是古老传说，还是近代史实，都传递出同样的信息。这信息就是，民主制是极为杰出的政治体制——这打一开始就决定了雅典人对抗野蛮人的胜利，还保障了雅典对希腊世界其他城邦的霸权地位，要是没有雅典，这些希腊城邦早就像孤儿一样被卖去做奴隶了。不过，我们没有必要去弥补关于波斯战争以及远征的历史记载的不连续性。正如 Loraux 所强调的，雅典的演说者们表现出：

> 雅典历史包含着大量的时间断层，它的跨度远超出了历史学家们的记载，但是别像编年史家一样试图去填补这些空白，因为雅典人恒久不变的天性已经确保了他们记述的一致性。所以，在葬礼悼词追忆历史时，我们难以找到按照时间顺序展开的叙述，取而代之的是，对同一种德性（arete）反复地、类型化地呈现。①。

葬礼演说仅仅满足于从历史长河和传奇故事中枚举出一些妇孺皆知的英勇事迹，却从不会去讲清楚这些往事以何种方式与现实相关。所以说，它们关注的从来都不是历史，他们所引述的都是些为人熟知到毋须再在演讲中赘述的故事。在这些故事的基础上，悼词还要补充和强调对雅典的赞美：有时，它们传达的讯息甚至难以在历史上得到证实——比如雅典城邦的优越性。它们的作用在于劝诫，它要敦促生者去"模仿那些人的德性"（236e6）。所以说，英雄事迹的历史是次要的，真正重要的是对雅典优越性的修辞性吹捧——正因如此，伯里克利的悼词甚至不必

---

① Loraux,1986,页 155—56。

引述雅典历史,就能表明自己的赞美①。如 Loraux 所说的,悼词只是将历史当作可以信手拈来的"文摘"而已,对它们而言,自五世纪以来历史学界做的那些探究工作②毫无意义。悼词的唯一目的就是为雅典民主制高唱赞歌。历史只不过是演讲者取用光辉事迹的不竭源泉罢了。

吕希阿斯的《葬礼演说》和伯里克利的悼词(修昔底德,2,60—4)是柏拉图模仿的主要蓝本,但在选取传说及历史材料方面,柏拉图的这篇作品与前者存在多处差异。正是这些差异,清楚地揭示了《墨涅克塞努斯》的真正用意。之前我们说过,由修昔底德记述的这篇悼词中没有任何历史性材料;而在吕希阿斯的悼词中,对历史材料的处理则与《墨涅克塞努斯》迥然不同,在后者中,演说者苏格拉底对传说故事一笔带过,而且对亚马逊与赫拉克勒斯的时代只字未提③。除去演讲开头的土生民传说,柏拉图似乎只援引了波斯战争后的历史材料。对近代历史的全情灌注,使得《墨涅克塞努斯》区别于吕希阿斯的演说——《墨涅克塞努斯》详细描述了伯罗奔尼撒战争,而这场战争理所应当地会被民主派演讲者故意忽视。另外,更隐晦的是,两位演讲者从历史中撷取了不同的事例,而这传达出了不同的政治信息。为了帮助我们区分这些差异,并完全地理解它们,我在此列出了苏格拉底/阿丝帕西亚演讲的纲要:

---

① 《伯罗奔尼撒战争史》卷 2,34—46(关于这段历史的遗漏,请参阅 Loraux,前揭,页 163)。苏格拉底提到伯里克利发表的演说实际上出自他妻子阿丝帕西娅之手(236b5-6);因此这两篇悼词有着相同的作者。这明显地表现出《墨涅克塞努斯》应被视作对修昔底德版本的伯里克利悼词的批判。

② Loraux,前揭,页 165—66。

③ 苏格拉底只在 239c2-3 处提到过这个。亚里士多德在《修辞学》中指出,了解雅典给与赫拉克勒斯族的帮助以及雅典在马拉松战役中的贡献,是决定是否要与雅典进行战争的政治或者说演说推论的前提(卷 2,22,1396a)。这是一段十分值得注意的话,它强调了葬礼演说不但总发表在战争刚结束的时候,更重要的是它还发表在一场战争刚刚开始的时候,被用来劝诫公民们备战。

第一章 "吾非政治家"（苏格拉底）

234a1-236d3：开场白
    234c1-235c6：葬礼演说的魔力
    235e8-236d3：阿丝帕西亚
236d4-249c8：演说辞内容
    236d4-237b2：对演说的解释及演说纲要（出身/教育/光辉事迹）
    237b3-237e2：优越的出身（土生民以及诸神的青睐）
    237e2-238b6：受到的养育和教育
    238b7-239a5：政治体制
239a6-246a4：雅典的光辉事迹
    239a6-239c3：传说光辉事迹
    239c3-241e5：波斯战争
        239d1-240a4：波斯王朝
        240a5-240e6：马拉松战役
        240e7-241c4：萨拉米斯海战与阿尔忒弥斯
        241c5-241e5：普拉提亚决战
    241e6-243d7：与其他希腊城邦的三次战争
        242a6-242c2：塔纳格拉之战
        242c3-242e4：斯法吉亚之战
        242e5-243d7：西西里远征
    243e1-244b3：内战
    244b4-246a4：科林斯战争
246a5-246c8：演说的介绍
246d1-248d6：假想中的死者的演说
248d7-249c8：劝诫与宽慰
249d1-249e7：尾声

柏拉图演说辞所涉及的历史事件年代跨度很大，从达提斯（Datis）对希腊的第二次远征（前490）①一直讲到了安塔西达斯（Antalcidas）和平（前386）②，苏格拉底回顾了近一个世纪的历史。演讲中的历史部分和其他演讲③一样，也以马拉松战役为开端。随后，演讲进入到葬礼演说的标志性主题：土生民、对政体的赞颂、反抗波斯王体现出来的无上荣耀和出众勇气、雅典的霸权以及她忠诚的自由斗士的身份。演说对这些主题的排列也完全合乎习俗，赞美死者之后紧接着就是对生者的劝诫和宽慰。

随着演讲的进行（以及随着充满热忱的介绍），它的体裁特征表现得愈发淋漓尽致，这表明柏拉图希望实现这类体裁所有格式上的要求，并且利用这种体裁的特点。对于这么一篇仿作的成功而言，这是至关重要的一点。而直到读者开始理解这篇小品处理历史事迹的方式，以及它引导演讲者作出的结论时，这篇仿作的讽刺意味才初现端倪。

上文已经提到过，对雅典光辉事迹的历史叙述在柏拉图这篇演说中占据了十分重要的位置。这个特点十分重要，它将《墨涅克塞努斯》与其他演说区分开来——它不仅使得《墨涅克塞努斯》与完全忽视历史的修昔底德的悼词区分开，也使得它与吕希阿斯的区分开。常有《墨涅克塞努斯》的注释者指出，这篇对话与吕希阿斯的悼词之间存在着诸多相似，并且还强调说《墨涅克塞努斯》深受吕希阿斯悼词的启发，从而推定《墨涅克塞努斯》写成于安塔西达斯和平后初几年（前386）。但是，纵使他们可以证明二者在主题与结构上的相似性，他们却忽视了——在吕希阿斯的悼词中，历

---

① 《墨涅克塞努斯》提到了这场由波斯的达提斯领导的远征（240a）；参见希罗多德，卷六，94以下。
② 苏格拉底在245e提到了这点。
③ 吕希阿斯，23以下，与修昔底德都将此作为第一件英勇事迹（《伯罗奔尼撒战争史》，卷二，39，5）。

史材料只占据了很少的分量,而且它也完全没有表现出苏格拉底那样的对历史的谨小慎微。文中举出的第一桩历史,马拉松战役,就完全可以说明问题。吕希阿斯是这样叙述这段历史的,波斯王"向我们(雅典)派出了50万人的远征队伍"(21),但惟有雅典,不但阻止了他们行进的步伐,随后又在马拉松战役中大获全胜;而柏拉图对此这一历史事件的叙述则详尽得多(240a5-240e7)。他以希罗多德的记载为根据,解释道,波斯远征队由50万人以及300多艘军舰组成,这支队伍在达提斯麾下①,但他们不仅仅针对雅典,埃雷特里亚(Eretria)也受到了波及。柏拉图还提到,最初这支远征队登陆在埃雷特里亚境内,尔后才开往马拉松。至于雅典人,他们的确孤立无援地取得了胜利,但是在最后,这场战争终归还是有斯巴达人参与。吕希阿斯的颂辞显然倾向于将所有荣耀都加诸雅典,反之,柏拉图所提供的历史细节却大体上将马拉松战役表现为一场牵涉了多个城邦(埃雷特里亚、斯巴达还有雅典)的战役,虽然最终这些城邦都为雅典所营救。

这种取鉴于历史权威、一丝不苟的史学态度的第一个意义就在于——它反对了雅典对战争的专断解读方式。另一方面,它也表现出了《墨涅克塞努斯》最显著的一些特点。柏拉图的演说辞并不满足于对雅典功绩的简单列举:他还从中提取出吕希阿斯的《葬礼演说》中所缺乏的连续性。在吕希阿斯的演说中,必须要由演讲者介入,各种各样的历史片段才能够以连贯。Loraux 就曾指出《葬礼演说》十分频繁地使用 meta tauta["在……之后"、"随着……"]这类连词短语,所以他认为这篇演讲像一篇文摘,它只是在一场接一场地枚举战争②。同时,演说在回顾历史的时候,还依

---

① 希罗多德对此也提供了相关信息,但是在细节上有所不同,参见卷六,94—120。
② Loraux,前揭,页155。但是需要强调的是,只有《墨涅克塞努斯》连贯地列举了战争。

赖于过渡性连接词。吕希阿斯自己介入到了演说的进程中，他不断以演说者的口吻提出问题，或者从历史引申到所有人都属于同一个共同体（演说同时赞美古代的英雄、演说者自己以及听众）。《墨涅克塞努斯》虽然也使用了类似的连词，但是却十分谨慎地没有任意在历史事件之间构筑联系。《墨涅克塞努斯》中的叙述是连贯的，它先回顾了塔纳格拉以及那场发生在公元前461—455年间，紧随普拉提亚胜利之后发生的战役（242c3，meta tauta）。然后演说以非常连贯的方式继续着，一页之后苏格拉底开始讲述发生在西西里远征之后的内战（发生在比雷埃夫斯，243e1，此处又一次使用了 meta tauta…）。

比起其他葬礼演说词，柏拉图这篇更注重历史和准确性。所以它很自然地将更多精力放在了被吕希阿斯忽视的伯罗奔尼撒战争上[①]。这样做的意义不仅仅在于这场战争本身。更重要的是，苏格拉底以一种独特的方式对待雅典的战争，他将它们视作一个整体，有条不紊地将它们依次排列。但出于对历史的谨慎态度，《墨涅克塞努斯》中存在着大量的省略、沉默或者折中，这间接地加强了对雅典的赞美。对话十分符合葬礼演讲体裁的要求，它列出了一长串有利于支持雅典霸权的辉煌历史。但与其他葬礼演说不同，它列出的辉煌战绩并不是在一味地重复雅典的优越性，反而体现了雅典的逐渐衰弱。Loraux 指出，《葬礼演说》中的 meta tauta 与《墨涅克塞努斯》对雅典战争的"枚举"之间存在联系。但是，后者的枚举并不是在清点雅典的胜利；相反，它将雅典获得的诸多胜利视作一个连续的层次，并按照递减的顺序划分它们。事实上，这篇演说的真正意图并不在于"列举"，而就在于这种层次划分——它将"头等奖"（240e7）颁给了马拉松大捷，二等奖分给了

---

① 在《葬礼悼词》的57段与58段中，它平白无故地消失了，文本没有对此给出任何解释。

(241a1)萨拉米斯大捷和阿尔忒弥斯(Artemision)大捷。就这样，柏拉图揭示出不同的事迹具有不同的价值，从而成功地与葬礼演说的原则背道而驰①。

这种差异越来越显著，在对话谈及雅典接连获得的六次胜利时就更加明了。最初，在马拉松战役中，雅典独自对抗了庞大的野蛮人军队。接着，海上的萨拉米战役与阿尔忒弥斯战役又进一步"完善了"(241a6)马拉松战役陆上的胜利。然后就是普拉提亚战役，这次胜利"在数量与质量上都排行第三"(241c5-6)，并最终决定了对抗波斯王的胜利，以及对希腊世界的拯救，这一回"斯巴达人和雅典人参加了战斗"(241c6-7)。从波斯战争的第三次胜利开始，战争的功勋就开始被其他希腊城邦分享，并且如同苏格拉底说的，之后的胜利仅仅是在替前两次胜利锦上添花而已(241d5)。从马拉松到普拉提亚，雅典取得的胜利越来越微不足道，开始被越来越多的其他城邦分享，何况敌军也士气大减，变得不再那么可怕。这种走势继续贯穿在接下来雅典对抗其他希腊城邦的三场战争中。首先是塔纳格拉战役和恩诺斐塔战役，引发这两场战役的原因是竞争与嫉妒(242a3-5)；然后是雅典在斯法克特里亚(Sphacteria)对抗斯巴达的战争中取得的胜利；最后是第三场战役：西西里远征。这几次胜利一方面展现出希腊众城邦因一个荒唐的原因而彼此分裂，另一方面也表现出雅典自己正渐渐开始与整个希腊世界相对立。为了解放皮奥夏人(Boeotian)，雅典先后在塔纳格拉(Tanagra)以及欧恩诺弗塔(Oenophyta)与斯巴达人发生冲突；对此，雅典人自我辩护道"为

---

① 与吕希阿斯还有修昔底德一样，这篇演说选择了一些能够表现卓越、独特品质的功勋事迹：关于马拉松的事迹。这解释了民主英雄主义喜欢援引马拉松战役的原因——它就像历史事迹的一个典型(参见修昔底德，卷二，34，5：''棺木通常都放置在环境优美的郊区公共陵园，战死的人一般都埋葬在那里，除了那些死于马拉松战役的人们，雅典人认为他们拥有最高的勇气，所以将他们就地埋葬在他们死去的地方。"但关于马拉松战役的讲述并不总关于它表现出的英勇，因为悼词想树立的，是永恒不变的荣誉。)

了希腊的自由而反抗希腊"(242b6-7)。这种奇怪的想法继续在雅典的历史中发展着,就在几年之后,雅典人开始与"其他所有希腊城邦"作战(242e2),并且也渐渐发现他们自己正与"整个希腊还有野蛮人"相对立(243b7),也就是说他们正与整个人类世界相对立(pantôn anthrôpôn,243d3-4)。从马拉松战役到西西里远征,雅典一直奉行着霸权主义,最初的时候只针对他的希腊同盟,后来甚至将整个世界都包括在内了。在与野蛮人和希腊世界都交战过之后,雅典发现已无敌手,于是只好与他们讲和并开始内斗(即发生在埃琉西斯人 Eleusis 与庇里尤斯 Piraeus 人之间的内战)。接下来是更近的历史,苏格拉底讲述起雅典是多么希望恢复她的霸主地位,她的舰队与卫城又一次面对着希腊野蛮人联盟(在与科林斯的战争中),又一次面对着她自己。

从《墨涅克塞努斯》中可以看出,雅典在公元前 490—386 年间发生了四次变化。第一次,由于同盟的平庸、猜忌和背叛,雅典发现自己正渐渐被孤立起来。或者说,她是从一种孤立中进入了另一种孤立:一开始,希腊世界承认雅典的霸权地位,于是她单枪匹马地为了全希腊的自由而战;之后有人质疑这个地位,于是她就开始与所有质疑的人为敌。第二次,随着马拉松战役的推进,雅典渐渐获得了海上霸权,于是她一头扎进对抗科林斯的保卫战中("当我们停止战争时,我们仍然在组织舰队,修整卫城,训练人民——所以,哪怕在休战期间我们仍要欢迎我们的敌人",245e4-7)。最初,雅典作为陆上势力迎击了在马拉松附近登陆的野蛮人舰队;而在公元前四世纪初,她终于成就了海上霸权。第三次,即使她战功累累,她还是在为纠纷所累:最先是与希腊其他城邦的纠纷,猜忌将它们严重分裂,以至于有的城邦跑去与野蛮人结盟,共同攻打雅典;之后是雅典的内部纷争,她深受内战的折磨(242e1 与 243e3)。第四次,即最后一次,孤立和纠纷造成了雅典城邦中的心理问题和道德问题,并导致了城邦各种情况的恶化。最初这些问题以嫉妒和竞争的形式出现,并使得其他希腊城邦等波斯战争一结束就开始讨伐雅典(竞争与嫉妒与雅典女神的旨意背道而驰,242b7),并且这些矛盾随着其他希腊城邦无礼不义的行为日益尖锐①。之后,这些问题则以雅典内部分裂的更复杂的形式出现。无论怎样,《墨涅克塞努斯》补充道,"他们攻击自己的同胞不是出于邪恶,也不是出于憎恨,而是出于不幸"(244a7)。

对这四种形式的历史演变的叙述使得《墨涅克塞努斯》从传统的悼词中脱颖而出,读者立刻就会意识到这篇对话只是模仿了传统悼词的形式和主题,但是它的主旨绝不是为雅典民主制高唱赞歌。其他的演说词只把历史当作引用的来源,因此《墨涅克塞努斯》对历史叙述显得如此与众不同。柏拉图故意将这篇对话写得与其他演说家的作品十分相似,是因为他希望通过悼词本身的自相矛盾来从根本上颠覆这种体裁。

《墨涅克塞努斯》存在着大量对历史的阐释、对历史事件的忽略,以及对历史顺序的颠倒,这些都表明,雅典的战争史实际上应被视作一段走向衰落的历史。所以,苏格拉底的演说是对葬礼悼词的滑稽模仿,它不但讽刺了传统悼词的形式,也讽刺了它们传达的历史信息。如我们所见,《墨涅克塞努斯》并没有一味地重复雅典的功绩,而是指出了雅典逐渐衰弱的历史走向。但是,与此同时,它还是容忍了民主制常规的自我宣传,并保留下了雅典独自战胜嫉妒她的其他城邦以及野蛮人的光辉形象。而《墨涅克塞努斯》总是将雅典描写得孤立无援,那是因为对话认为,雅典今日的局面正是它自己一手造成的。所以阅读这篇对话时,我们尤其应该注意柏拉图的这篇模仿小品与传统悼词的出入,他之所以会选择改编传统的题材,是因为他希望揭示出这类悼词都是隐瞒真相的手

---

① 关于雅典的公正和其他希腊城邦的无礼不义的对照:242c5,243a2,243b3 以下与 243c6 以下。

段——而真相就是，雅典，作为与其他希腊城邦发生战争以及雅典内战的罪魁祸首，渐渐处在一个十分糟糕以及极端不光彩的处境里，正如吕希阿斯在他的《奥林匹克演说》中所哀叹的一样（与他自己的《葬礼演说》截然相反）。

《墨涅克塞努斯》中大量关于城邦不和的表述已经非常清楚地表明，这篇对话与常规的葬礼演说的主题不一样，它的主题是要讲述雅典的堕落。在安塔西达斯和平时期，也常有人会利用雅典城邦中的不和来攻击她。在《理想国》中"内讧"（stasis）是最大的恶，它令城邦受尽折磨。实际上除了《理想国》，政治演说也频繁地使用这个术语——它是预示着城邦堕落的最严重且最不容置疑的标志。吕希阿斯的《奥林匹克演说》[①]与《墨涅克塞努斯》属于同一个时期，但是在这篇演说中，吕希阿斯并没有赞美雅典的霸权，反而是为雅典可悲的处境而扼腕叹息，并且号召公民们去与叙拉古的狄奥尼修斯或斯巴达战斗。为了揭露这些虚伪同盟的邪恶，吕希阿斯勾勒出了雅典以及她"可耻的困境"的模样（节4）。他使用了与《墨涅克塞努斯》中一模一样的术语，并细数了雅典作为受害者的战争。这些战争有三种类型：与外族的战争（输给了野蛮人）（节3），发生在希腊城邦间的战争（节4与节9），以及雅典城邦内的冲突（节4）。在描述问题的恶性循环时，有三个术语反复出现：战争（polemos），城邦内的争吵（philoneikia），以及内讧（stasis）。无论在《墨涅克塞努斯》还是在《奥林匹克演说》中，这三个词都暗示着不断恶化的处境[②]。

吕希阿斯认为，这些战争最糟糕的地方在于它们带来的历史后果：它不但使得雅典沦丧了部分领土，而且还成就了斯巴达的霸权——斯巴达如今已成为"希腊的领导者"（节8），并褫夺了《葬礼

[①] Bizos，1926，将演说的时期推定为在安塔西达斯和平之后的一年，并认为它发表在公元前384年的奥林匹克大会上（《论述》(discours)，卷二，页201）。

[②] 在《墨涅克塞努斯》中，希腊城邦之间由战争同盟到相互争斗的转变是因为它们的脑袋中都充斥着嫉妒（234b1以下）。

演说》中献给雅典的所有赞美，它现在享有着海上强国这一称号——"众所周知，无上的权力属于那些统领海洋的人"(节5)，充当着"救希腊于危难的救世主"(节7)的角色，它的公民还享有着"坚强地护卫着自己的家乡，从不内讧或纷争，并总是遵循着相同的生活准则"的美誉(同上)——这幅图景，远比葬礼演说要犀利得多，吕希阿斯的目的是要劝诫雅典人——"对往事感到羞耻，并因未来之事感到忧虑，要试图去与我们的祖先比肩——他们夺走了试图染指他人故土的外族人的领地，驱逐了专制暴君，并为了所有人争得了自由"(节6)。尽管这篇演讲仍带有民主宣传的色彩(演讲认为雅典本就应该享有霸权，但是被斯巴达篡夺了)，但是它丝毫没有赞美雅典。往昔的熠熠战功被中断了(这与吕希阿斯的悼词背道而驰，后者在为雅典一如既往的卓越高唱赞歌)，演讲十分忧心雅典人再也无法重振雄风。

从《葬礼演说》与《奥林匹克演说》之间的巨大反差中，我们可以看出柏拉图这篇模仿小品以什么方式打破了悼词体裁的规则，又如何基于批判的观点，用关于雅典堕落历史的材料取代了传统的光辉历史材料。正是通过这种方式，葬礼演说的体裁被一些术语以及一些用于批判雅典的历史事件给颠覆了。

同样，《墨涅克塞努斯》对《伯罗奔尼撒战争史》(2,60—4)中伯里克利所发表的葬礼演说也提出了质疑——或许因为苏格拉底将自己的演说介绍作是伯里克利演说的一部分，甚至是它的续篇(236b6)，而使得这种质疑更为强烈。关于伯里克利的演说，修昔底德的版本侧重于葬礼演说中那些反复被提及的要素，而这些东西自伯罗奔尼撒战争开打到安塔西达斯和平都没怎么改变[①]，似

[①] 这个明显的年代错误(苏格拉底称他"昨天"才从阿丝帕西娅那儿听来，236b1以下)又一次强调了《墨涅克塞努斯》与修昔底德悼词间的关联——更何况，某种程度上，阿丝帕西娅自己也是雅典民主制的受害者。

乎这篇演说打算证明,雅典的功勋从早年到近代丝毫也不曾减损。而《墨涅克塞努斯》却描述了雅典的堕落,并对"雅典的荣誉长盛不衰"这种观点进行了反驳。另一方面对话本身又暗示了这篇悼词与伯里克利演说的联系,它提到苏格拉底的这篇演讲可能是由一些早年的葬礼演说文段所组合起来的(236b6)。这篇悼词由阿丝帕西亚整合起来,因此它要么是当年伯里克利悼词中没有公布的一部分,要么是伯里克利曾经公布了但却没有被修昔底德记述下的段落。无论是哪一种情况,都具有十足的讽刺意味,因为经由苏格拉底之口说出的那"剩下的"小部分的意味与伯里克利的葬礼演说完全相反。

伯里克利演讲中对雅典人接连不断的功勋战绩和自由的表述(2,36,1—2)尤其值得注意。伯里克利回忆起了雅典人的祖先们,并且感激他们慷慨地将这个自由、自足、有着独特而原创的制度(37,1)以及良好客观法律的城邦遗赠给了后代。雅典人英勇、对知识和美都具有良好的品味、拥有着无私友好的品格,这一切都相得益彰。这篇演说的主要意趣体现在政治和政制形式方面。雅典的政治体制与雅典公民们数之不尽的优点是分不开的,而正是这种政治体制保障了城邦的伟大和强盛。这一点在《墨涅克塞努斯》中愈发突出,尽管对话并没有过多地谈及政治制度(对此它仅仅含糊不清地说道,无论人们将现在的政治制度称作贵族制还是民主制,它都和过去没两样),但是它多次描述了城邦与城邦公民的伦理本质。然而,在这个过程中,它揭露了雅典并不具备伯里克利所称颂的那些品质。当伯里克利向雅典的公正无私致以崇高的敬意,并且强调说他的同胞们从不恼怒,战败的敌人也不因输给雅典而恼羞成怒时①,苏格拉底却在强调,消极的情绪正渐渐将雅典带入歧途。在《墨涅克塞努斯》中,恼怒的情绪并不总与被雅典打败

---

① Agnaktêsis,41,3.

的敌人相关;反而,是雅典人自己抱有这样的情绪,他们因其他希腊城邦的忘恩负义而耿耿于怀(244b7)——这种忘恩负义尤为危险,因为猜忌和妒忌与它如影随形。

《墨涅克塞努斯》中的历史又一次与传统悼词背道而驰,它这么做是为了将史料本身作为一种政治批判,来揭露雅典民主制关于帝国主义历史的自欺欺人的谎言。如果我们将《墨涅克塞努斯》与吕希阿斯的《葬礼演说》以及伯里克利的演说三者进行比较,就能够发现《墨涅克塞努斯》中包含了三种主要的批判。每一种批判都以历史事件或某个历史时期为基础,并分别向雅典民主制的某个特殊方面提出质疑。

首先,《墨涅克塞努斯》将自马拉松战役以来的雅典历史视作城邦的发展史——它以团结为开端,却马上开始了分裂。葬礼演说却通常将雅典描述为一个团结且完美地统一的城邦:她的公民具有独一无二又相互统一的性格,雅典人是卓越无匹的,因此雅典的优越也更加绵延不绝。总之,通过某些说不清道不明的方式,城邦和她的公民们都拥有一些独一无二的品质,并且会永远传承下去①。雅典的政治体制保证了城邦的团结,并且也完全吻合了雅典人的德性:雅典是一个民主制的城邦,她的公民们都是自由民②。民主的团结的基础是 Isonomia("法律平等")和公民的共同利益③。而在危机关头,正是自由以及公共利益激发了雅典人的英勇。——葬礼演说以这种方式描绘出一个团结而坚固的城邦,她从不会将自己的命运与其他希腊城邦的命运混为一谈。然而值得说明的是,其他希腊城邦也从来不曾完全地将自己的命运与雅典的命运绑在一起;而且哪怕处在联盟中,雅典也无时无刻不在维

---

① 在将土生民神话用于联系 isogonia 与 isonomia 时(人们在出生与法律上都是平等),它表现出一个主要的特点就是它展现了雅典政治的自然优越性。
② 《伯罗奔尼撒战争史》,卷二,37,1—2;《葬礼演说》,18。
③ 《伯罗奔尼撒战争史》卷二,40,5;《葬礼演说》,同上。

护自己的霸权地位。伯里克利和吕希阿斯都宣称,雅典不但一直都是希腊的英雄,甚至还是全希腊的"楷模";无论雅典面对的敌人是其他希腊城邦还是野蛮人,她都始终保持着自己卓越的性格。关于这一点,《墨涅克塞努斯》中则有一个因为太过矛盾而显得滑稽的悖论——说雅典从未吃过败仗(除了因为她内部的不和:"事实上,我们的战败全是由于我们自己的行为,我们决不会被敌人征服",243d6-7)。正是这个将所有军事冲突都解释为内战的悖论,使得城邦的不调和渐渐浮出水面①。或许,这正是柏拉图的仿作对雅典民主制历史所进行的最重要的批判:雅典过去和现在经历的战争完全否定了"一个民主制的城邦能够达到统一"这一想法。

其次,《墨涅克塞努斯》从心理和伦理的角度去关注雅典内部的政治纠纷,从而对雅典公民的英勇以及城邦的崇高提出了质疑。这项批判从前一项批判中延伸而来,它又一次展现了公民的利益之间并不存在统一和分享的关系,而惟有冲突——它导致了一切形式的不调和。另一方面,这种批判也具有原创性,它强调了个人性格特征与激情(嫉妒②、竞争、愤恨、猜忌)的关联。修昔底德与《葬礼演说》的作者都将雅典霸权与民主自由关联起来,并为此在公民的个人职业与公民对公共责任的承担之间做出了清晰的区分③。在他们看来,民主制之所以与众不同,正是因为,经由法律的保证,这两种活动形式可以完美地相契合④。于是个体及其观点与城邦价值观能够达成一致的关键性条件就是:对法律的尊重

---

① 如上文,当将《墨涅克塞努斯》与《葬礼演说》对比时。

② 嫉妒是 Brisson 综合研究的一个主题,1996,页 41—59,他援引了《墨涅克塞努斯》并表现了,嫉妒作为一个痛与乐交杂的心理形式,是如何具有产生无知与暴政(嫉妒的政治影响)的巨大力量。因此可以将其视作"历史黑暗面的推动力量:国家战争、内战、谋杀、暴力、盗窃和一切形式的冲突"。

③ 伯里克利频繁地强调公民的私人、家庭与自由(尤其在 37,2;40,2;与 41,1)。

④ 对它的尊重与 isonomia 密不可分,见《伯罗奔尼撒战争史》,卷二,37 与《葬礼演说》,19。

以及公民作为军人的勇气（通常用 aretê 来表达,更具象的表达是 andreia）①。《墨涅克塞努斯》运用了关于这种对照的所有术语,但是它对每一个术语的使用都又有些不同。在回顾波斯战争的历史之前,苏格拉底说道:

> 和他们不一样,我们和我们的人民都是同一个母亲的孩子,也就是说没有谁是谁的奴隶,也没有谁是谁的主人;出生的平等（isogonia）促使我们去寻求法律的平等（isonomia）,并迫使我们承认,除了在德性和智慧上,没有谁能高人一等（239a1-5）。

《理想国》将 isogonia 描述为纯粹的政治谎言:它被统治者用来说服人民相信他们都由同一片土地生养（3,414d-415d）。民主制就建立在这个虚构的 isogonia 故事上;并且,苏格拉底还称,民主制将权力赋予那些被判定为有德且有智慧的人,只因为他们表现成那样罢了。就在这句话的前几行,苏格拉底曾如是定义民主制:"表现得聪明和善良的人才能担任统治者"（238d7-8）。根据柏拉图的批判,这项定义中包含了两个矛盾。第一个矛盾在于律法的传说基础,也即从神话的（虚假的）isogonia 中找政治平等的依据。第二个矛盾在于政治 isonomia 的建立,它并不完全符合民主制,反而——"实际上,是一种经过多数人赞同而建立起来的贵族制"（238d1）②。这种混合性的制度打从一开始就与它的神话起源背道而驰,因此它依赖于名誉,但是由于人民把责任与权力托付给那些仅仅看起来最好的人,这种名誉将很快与 insonomia 相忤（238d4-

---

① 尤其注意《伯罗奔尼撒战争史》,卷二,39 与 42;《葬礼演说》,20。

② 关于 isonomia 这一概念在民主意识形态中的含义以及各种柏拉图式解读,请参阅 Vlastos,1953,页 337—66;以及 Joly,1985,页 312 以下。

5)。所以说《墨涅克塞努斯》中不断强调的——政府是否有德完全取决于人民的意见,恰恰表明 isonomia 与权力的行使间存在着矛盾。就好像雅典绝不会在贵族制与民主制之间游移不定。

对话对葬礼演说所描述的团结与平等提出了质疑。但是,总之,对话得出的结论与之完全相反,倒是与吕希阿斯的《奥林匹克演说》甚至伯里克利演说有相似之处——后者也并没有总是在替城邦的政治平等或公共权力的行使说话。在《伯罗奔尼撒战争史》的第二卷,伯里克利试图证明战争的连续性,并希望借此来平息雅典人的不满(雅典正因为战场上接连失利且深受瘟疫的折磨而怨声载道)。他首先强调,城邦的强盛与政府乃是个人利益的保障(2,60),似乎是为了进一步证实城邦的实力,他随即开始赞美雅典的军事力量(2,62)。他打算用他个人的权威性来壮大这种力量并守护帝国(2,63—64)。修昔底德将伯里克利的"中道"与雅典人之后所做的无力的决策相对照,评价伯里克利道"是他领导他们,而不是他们领导他"(2,65,8)。之后,这位历史学家又感到有必要对体制进行补充说明:"因此,雅典虽然被冠以民主之名,但政府渐渐地只受最重要的公民的统治"(2,65,9)①。这种对体制的阐释与葬礼演说中的版本已经开始分道扬镳了,现在,它不但已经承认了权力并非公共的,而且还区分出了统治者以及城邦中受统治的人。这也恰恰是《墨涅克塞努斯》希望指出的——雅典的制度是个摇摆不定的混合物,是不和与纷争的温床。无论民主制如何宣传自己,城邦的团结统一甚至都得不到统治它的人的认可。用《理想国》中的观点来说,民主制将统治交给公众意见,也就是说它可能会将权

---

① 作为一个"温和的"民主派支持者,修昔底德区分开了两个时代和两个立场,而柏拉图则试图将它们合并起来:在历史学家眼中,伯里克利的责任与雅典人的责任是同一的。他声称伯里克利所支持的雅典帝国自卫政策,并没有招致雅典人民的反感。而柏拉图则与之相反,他认为城邦的民主堕落(伯里克利也多次批评这一点)与其好战的帝国主义息息相关。

力交付给任何一个表现得可以行使权力的人①。

将《墨涅克塞努斯》与吕希阿斯和伯里克利的演说相比较,最后一项批判也浮出水面——柏拉图的仿作非常强调雅典的海上力量。各路民主人士都承认,海上霸权是雅典帝国的先决条件。伯里克利曾希望与他的人民共同分享一个梦想:让雅典成为一片平和的净土——然而,这个梦想渐渐被他演说中的军事观点与帝国主义观点所取代了②。在民主葬礼演说中,雅典的权力仍意味着帝国主义,直到发表《奥林匹克演说》,也即安塔西达斯和平之后,吕希阿斯都仍然没有放弃这种观念。而《墨涅克塞努斯》则认为舰队的壮大、海上冲突的不断升级与雅典的孤立状态之间存在联系;因此,对话的批判所针对的就是城邦的日益堕落、逐渐加剧的意见分歧以及不断扩大的海上战争规模。

政治能力

可以说,早期的"苏格拉底式"对话中所提到的种种政治批判,都以各自不同的方式,促进了对政治思想的阐述,而它们最大的特点就是它们所具有的人类学色彩。一方面,城邦被设想为一个有着特殊行为方式的、个体的人;另一方面,城邦又被视为它现在的

---

① 在《高尔吉亚》与《理想国》中,公众意见的政治统治,及由其委任的统治者的权力,都被批为受煽动的、无知的意见。柏拉图对此最清晰而严厉的批评请参见《高尔吉亚》,502e-503d,以及《理想国》卷八,557a-563d,但是《墨涅克塞努斯》与《理想国》中的批判主要针对的是政治矛盾。这是柏拉图不满足于仅仅在斯巴达保守派意见的基础上,将雅典民主视作一个糟糕体制的第一个表现。在我看来,其中重要的反而是柏拉图对"在民主制的名义之下"不公正的权力行使的批判。受到批判的从来不是作为整体的人民,而是煽动性的修辞学利用人民的无知来肆无忌惮地进行统治。柏拉图又一次批判了城邦中的内讧,因为政治的作用本应是替城邦创造统一。从这个观点看来,保守派的意识形态也应该受到谴责,因为他们主张用贵族权力去推翻无知暴民的统治。柏拉图真正想拒斥的观点是:城邦应当容纳分化而对立的政治利益。

② 《伯罗奔尼撒战争史》,卷二,36,63—65(帝国);卷二,39(开放城邦和海军)。

以及从前所有居民的集合。后一种看法并不存在年代错误，亚里士多德也曾说过的，雅典公民更经常地将城邦视作"一种公民之间的政制共同体"，视作一种建立在固定人群之间的固定关系，而不是某个地方、某段历史抑或某种文化。在柏拉图那里，将城邦视作人民的集合或共同体的观念也从未受到过质疑；并且在《理想国》中，这种观念也反复出现。另一方面，为了实现某种既定目的而建立起的关系其本质也常常被讨论。

上文已经说过，不能到苏格拉底个人的"道德"热望中去寻求早期对话对政治问题保持缄默的原因。而应该放眼早期对话的研究对象以及它们采取的研究方式，并从中寻找原因：事实上它们为这种缄默提供了两个方面的原因。

第一个原因隐藏在绝大部分早期对话的题材中，这些对话每篇只处理一个单独的问题。每一回，它们都重复"X 是什么？"这一问题，来对某个观念或者某件事物的性质进行定义：什么是虔敬（《游绪弗伦》），什么是明智（《卡尔米德》），什么是人（《阿尔喀比亚德前篇》），什么是勇气（《拉克斯》），什么是友爱（《吕西斯》），等等。这一系列探索都采用了苏格拉底式反诘法，它们对城邦、政制形式或者权力的行使这类问题丝毫不感兴趣。苏格拉底从来不曾问过他的对话者什么是城邦，什么是政制形式，或者政治来源于何种活动及知识。

这些对话对政治缄口不谈的第二个原因是——也是更为重要的原因——在这些对话中，即使政治问题被频繁地提起，那也是纯粹出于知识角度的。这可能并不是苏格拉底对话最重要的原则，但它塑造了经典的苏格拉底式反驳。比如，在《拉克斯》中，当对话在检验什么是勇气的时候，实际上它是在谈论关系到武装战争的那部分德性，勇气被认为建立在某种知识之上①。勇气本身是否

---

① 《拉克斯》，194d9 以下，尼阿西斯给勇气下的定义只是暂时的，它仍不够完整。但是德性即知识这一定义却一直被保留到最后，对话也没有进一步修正它。

具有政治影响并不是最重要的,真正重要的是,它表现出了知识的首要地位,最后知识又使得这种个别的德性拥有可能。其他类似的例子则出现在其他早期对话中,它们分别检验了"德性的各个部分"①。

事实上,往往是因为拥有某种知识,德性才具有崇高且重要的地位(伦理的善是一种认知的善)。简言之,可以将所有苏格拉底式对话视作对同一个观点的证明:无论在什么领域内,善都依赖于一种预先存在的知识;而且,每一种形式的德性也都建立在某种特定的知识之上(《拉克斯》,190a-e)。我们渐渐会发现,"德性"这一术语不再仅仅在某些特定的语境下,被用于描述好的品质与行为,柏拉图将它扩展到所有活动上,从而赋予了它一个全新的、更广阔的含义。当古希腊的语言及观念对德性的理解仍局限在行为与习俗(ethôs)的高贵时(尤其是关于战争勇气的),柏拉图则使得这个术语的含义逾越了贵族道德的局限,并将其用来描述任何行为或活动的完善。某种程度上,它不同于传统上雅典人、乃至我们对德性的理解(对我们而言,德性是一种道德秩序,并用于描述善举),而柏拉图则将德性理解为"被很好地完成的事情",二者之间存在着明显差异。于是,在《理想国》中我们甚至会看见,做了某件英勇的事情竟与完成了一件木工一样,都是"被良好完成的事情"。我们应该注意,对话将关于德性的一般见解进行了改动,从而使得它转化为柏拉图用于描述技艺的概念(卓越)②,这使得哲学家得以进入雅典的那批自称"教授德性"、让他们的学生学会打点自己的

---

① 《拉克斯》,190c8 与 190d3。《拉克斯》对早期对话特殊的结构给出了一个批判性的、方法论的阐释。在这里,苏格拉底在两种探究方式之间做出了区分,一种将德性视作全体,另一种则研究德性的部分("尼阿西斯,你现在所形容的并不是德性的部分,而是作为整体的德性",199e4-5)。

② "德性"(virtue)是对古希腊语词汇 aretê 惯常的译法,但是我通常更字面地将其称呼为"卓越"(excellent),以便于更清楚地表明,这个术语并不仅仅具有"道德意义"。在第二节我们会更加详细地讨论这个问题。

家务以及管理城邦的教师所在的领域①。如果德性(已被转化为"卓越")的确是以知识为先决条件的,那么只消询问智者们他们拥有和传授的究竟是哪种知识,就足以让他们陷入矛盾和困境中。②

《欧绪德谟》、《美诺》、《高尔吉亚》提出将卓越建立在知识之上的要求,而这个要求首先提出的就是关于政治能力的问题。这些对话依次指出,如果的确存在一种专门的政治能力,那么它一定会有着卓越或者德性的形式,并且因此必然建立在某种知识的形式之上:于是(政治的)知识就会是(政治的)卓越的原因。在这三篇对话中,数《欧绪德谟》将这条探询的线索发展得最完善,它还得出了一个关于政治知识的定义:知识通过把我们变得"智慧而好"而"使我们受益,并让我们愉快"(291c1 与 292d6)。苏格拉底自己也多次承认,这个定义仍然不够充分,因为它没有说明,政治技艺究竟是通过哪一种知识得以将卓越赋予全体公民。一个更完整精确的定义应该能够说清楚,这种赋予个人以政治能力的知识的具体内容,以及这种知识是如何发挥作用,也即它如何被传授的。《欧绪德谟》没有满足这两个要求中的任何一个,但它关于这些问题作出的阐述却拥有不容忽视的重要性,因为在它之后,无论是《理想国》描述卓越的制度时,还是《政治家》应用不同的探寻方式来检验政治家的技艺时,《欧绪德谟》中曾出现的术语都被延用了。《欧绪德谟》所提出的问题与要求,在早期的苏格拉底式对话中,开拓出了一篇精细的、专门性领域;从这时起,苏格拉底的批判已经开始涉及政治制度的运行,并提出它们具有被改造的可能性。从这个层面看来,以下这段来自《欧绪德谟》的文本可以被看作是之后对

---

① 参见《高尔吉亚》,520e,以及 Dodds 的注释,1959(该书是关于这篇对话最完备且最准确的研究)。也可以参阅 Kahn,1983,页 75—121。

② 即使智者贪得无厌,危险又无知,但是归根结底他们还是聪明的。我们应该仔细考虑他们在柏拉图对话中的作用,因为某种程度上说,诡辩术也是柏拉图式的发明。

话发展的母体,它替政治性的批判分析以及政治论辩开辟出了两条不同的路径。

在对话的这一阶段,苏格拉底向克力同总结了先前对话背后的目的,即找到某种能自我证成的知识或"技艺"(即这种知识本身不作为手段,也不以其他技艺为手段):

> 苏格拉底:因此,它显然就是我们要找的技艺,也是城邦里的公正行为的原因,确实就像埃斯库罗斯所描述的那样,它独自为城邦掌舵,引领一切,统治一切,使一切都有用。
>
> 克力同:你认为这是个好念头吗,苏格拉底?
>
> 苏格拉底:如果你听了后来发生的事,克力同,那么你自己就能作出判断。你瞧,我们继续用这样的眼光看待这种技艺:君主的技艺,统治一切,它能够产生这样的效果吗?我们相互说,它当然能做到。克力同,你也会这样说吗?
>
> 克力同:是的,我会。
>
> 苏格拉底:那么你说它产生的效果会是怎么样的呢?比如,假定我问的是医生的技艺,它统治它所统治的一切,并产生效果,你难道不会说它的效果就是健康吗?
>
> 克力同:是的,我会。
>
> 苏格拉底:那么你的农业技艺怎么样呢?这种技艺统治它所统治的一切。它产生的效果是什么呢?你难道不会说,它从大地中为我们生产食物吗?
>
> 克力同:我会这样说。
>
> 苏格拉底:那么,君主的技艺统治它所统治的一切,这种技艺又如何?它产生什么效果?或许你还没有准备好答案,是吗?
>
> 克力同:我确实说不出来。
>
> 苏格拉底:我也不行,亲爱的克力同。但我知道一件事,

如果它就是我们要找的技艺，那么它一定有益。

克力同：那当然。

苏格拉底：所以它一定会给我们提供一些好东西，对吗？

克力同：显然如此，苏格拉底。

苏格拉底：而克莱尼阿斯(Cleinias)和我一起同意过，所谓好无非就是某种知识而不是其他。

克力同：对，你们是这样说过。(291c4-292b3)

政治能力在此处被定义为某种知识：一方面它以某种知识为前提（从政之人必须要知道如何运用和统筹城邦的各项事务），另一方面，政治还"产生"了某种知识（通过将公民变得有知）。通过这两种知识，政治得到了定义；政治是一种教育模式(paideia)，也是一种塑形的教化①——这似乎是柏拉图不曾放弃的一种构想。于是，这种知识，与教育之产物的德性，便画上了等号，这使得《高尔吉亚》及《美诺》得以对民主制和智者的立场提出质疑——民主制与智者所支持的体制，不但建立在无知之上（它否认了专门的政治知识的存在），而且还是导致无知的原因（它无力使公民得到提高）②。

《美诺》发展了这一论证，苏格拉底称，城邦目前的处境矛盾而又危险——即使其中可能有一些"擅长于政治"的人，但他们却对教育一无所知，因为他们甚至不能传授自己的德性（比如92e-93c）。"德性能教吗？"这一问题奠定了整篇对话。美诺与苏格拉底之所以急于赋予教育以政治意义的原因在于，柏拉图会用"教授

---

① 柏拉图在此处回到了一个传统的主题（对希腊而言，教育对公民身份至关重要：公民应是受过教育的、发育完全的成年男子）当柏拉图在说到一切私人教育都应被取缔时，尤其强烈地回到了这个主题上。对公民的一切教育任务都应落实到城邦上。

② 关于这种"双重的"无知，请参阅《高尔吉亚》，458e以下，其中描绘公众集会中的演讲，不学无术，并且在一群和他一样无知的人面前高谈阔论。

德性"来形容城邦的活动方式。城邦就是一群人；此时苏格拉底的普遍性批判也变得更为具体（因为无知，城邦既不好也不幸福），它正暗示着，城邦正在等待一位同时是教育家的政治家，一位德性导师。

在《理想国》之前，早期对话中的政治理论并没有走得太远，它们将自己局限在宏观层面以及《美诺》所表达的那种期望上：需要一位政治家。这种期望实际上是现实中失望的反面：城邦需要的是一名真正的政治家，而不再是一个伯里克利。如同那些替对话开辟道路的在先的批判，后来的对话也保留下了关于城邦的人类学概念（对于个人真实的，对城邦而言也是真实的，因为城邦正由一群人构成），以及关于政治的、认知的、教育的定义：对某一人类共同体的统治要求着对某种知识的掌握，以及教育它成员的能力。

第二章 《理想国》中的政治心理学(灵魂论)

《理想国》在人类学意义和认知意义上都为政治能力给出了确定的定义。在这篇对话中,之前对话的种种观念都得到了进一步的发展与精炼。这篇对话在定义城邦的同时,也定义了知识:后者以前者为对象,并掌管着前者。另一方面,在对话定义政治能力的过程中,还穿插着一系列关于政治技艺如何为城邦所用的反思。

更大的灵魂是城邦

卷二的开篇提出一个对比后,对话开始将政制(politeia)①作为自己的主题。在卷二,苏格拉底为了弄明白一个公正之人应具备何种品质,而开始定义公正,在此过程中,他将个人的公正与城邦的公正进行了对比(368c-369a)。要注意的是,对话进行的不是类比,而是一个对比②,

---

① politeia 是柏拉图这篇对话正确的标题。关于将《理想国》视作一个整体的观点,请参阅 Pappas,1995,Sayers,1999。关于将《理想国》视作零散政治文章的观点,请参阅 Schofield,2000,页 190—257、293—302。

② 然而,我们稍后便会看见,柏拉图后来(在卷四的开头)还是以一个类比取代了这个对比。

因为除了在规模上有所不同之外,城邦与个人完全是同一的,而且二者还适用着同样一些关于"公正"①的术语。因此这仅仅是一个大小之比,就公正而言,个人的灵魂与城邦之间只在严格的人类学意义上存在着数量上的差异(或者采取拟人化的说法:城邦是一个大写的个人)。所以对于个人灵魂而言是好的、公正的、真实的事情,于城邦也同样适用——城邦就是一个将所有灵魂聚集在一起的共同体。然而,这一对比能否成立,取决于能否以"灵魂"一词代替"个体"。这种对词义的混淆并没有引起任何一个对话者哪怕最轻微的疑虑,但它还是很快地影响到了卷二中的对比。早期对话,以及《理想国》的开头②都曾介绍过,个体与其灵魂之间存在天然而直截的同一性。《理想国》则更多地在政治背景下对此进行说明。因为灵魂同时拥有知识与能力,所以城邦也必须建立在知识的权威性上,才可能与灵魂进行对比;于是,这种对比便建立在了政治德性(Political excellence)的认知本质上。城邦的德性与它背后思想的德性也因此变得密不可分了。这不但解释了在卷二的开篇为何要将公民划分为三个等级(依据对灵魂的三种划分),也解释了知识的政治地位(对话主张应由作为王的哲学家,或者说成为了哲学家的王掌权)。

早期对话的中心就已经在知识(la conaissance)上,而之后对话对真正的政治能力,也即专业知识(d'un savoir)③的研究则有助

---

① 个人的正义必然与城邦中的正义是同一的。在卷一,351a-352a,这个对比就已经出现了。《政治家》中有一段文本看似是对此的呼应,但是有必要将二者区分开来。《政治家》中,异乡人用相同的语法例证定义了范例(他试图找到政治家的范例),但是其中的例证却扮演着一个不同的角色:异乡人的目标是,在不同的音节中辨认出字母表中的各个元素。所以,这个范例表现出的是,有"两种编织"(278b),其中一种作为范例来阐释另一种编织。而《理想国》则只有一种编织,一种对象,只不过规模稍大而已。

② "灵魂即人",《阿尔喀比亚德前篇》,130c3。《理想国》的第一卷也重复了这个定义(353df.)。

③ 译注:英译本两处都用 knowledge。

于解释《理想国》开篇处的对比。这个对比非常值得重视——它从个人正义转而研究政治正义，从而赋予了《理想国》(politeia，即"政制")的意味(使这篇作品的中心落在对政制的研究)；同时，它还揭示了整篇对话的概略图景。对比中关于灵魂的那部分内容，尤其有助于对政治问题的探索，它提供了一个三重的对象，这个对象的各个部分在结构上可以分层，整体又是统一的。只要能够明确，城邦就是一个宏观的灵魂，那么对话余下的工作就只剩下将城邦与灵魂一一对应了①。卷二的末尾，以及卷三、卷四分别描述了每个群体的公民的地位与作用，就是在完成这个任务。

　　这三种公民群体常被称为三个"等级"的公民，但这种说法并不正确。一方面是因为它犯了年代错误；更重要的是，它并没有正确传达柏拉图的意思，他所说的三种公民群体代表的是三种不同类型的公民，或者说，在同一的公民性质之下存在着的三种不同倾向，正如灵魂所包含的三个部分(除此之外也有三种不同的灵魂)②。而且柏拉图的用词并不死板，群体可能意味着三个"类型"、三个"种类"、三个"族群"、三个"性格"，甚至三种"元素"③。在柏拉图看来，灵魂包含一个理智的类，一个激情的类以及一个欲望的类。与此对应，城邦也有一个欲望的群体(城邦中从事生产和

---

　　① 这种方式看起来像是在回避问题，或者是一种恶性循环：对话已经承认，共有三种类型的公民，在卷四的末尾却询问，在个人那里是否存在着三种灵魂(卷二中的对比也重复出现了：参见卷四434d以下)。Brunschig的文章，1986，是关于《理想国》的纲领及其重点的最有洞察力，也最为精悍的注释。
　　② 对柏拉图而言，灵魂主要有两项活动，思考和运动。灵魂是没有实体的，故而是不死的，灵魂是运动的根源，因为它不但能够进入有生命的躯体中，而且还能够与其他无实体的存在相联系。理智是知识的中介，这些存在为理智所把握，即是"理念"或"相"。灵魂，作为所有运动以及所有知识的根源，与物质实在存在着区别：当灵魂与某个躯体相联系时，它便成为了活物。关于对灵魂及其功用的描述，请参阅《理想国》，卷五，《斐德若》(245c-249d)以及《蒂迈欧》(另参Pradeau,1998)。
　　③ 卷四中的段落为此提供了十分明晰的观点(434c-436b)。稍后我们就会看见，不同群体的区别在于他们的功能。

交易的人：耕农、手工业者和商人），有一个激情的群体（护卫者，面对内忧外敌守卫城邦的人），还有一个理智的群体（哲学家，爱知者也是统治者）。要注意的是，这仅仅是在功能方面对公民进行的划分，它并没有在其他层面上区分公民身份。反观雅典社会，公民身份首要通过一个初步的筛选（公民不能是奴隶，不能是外乡人，也不能是客藉民；公民也不能是儿童或者妇女）。其次，公民身份还与其他条件相关，其中最重要的是拥有财产的数量。最后，行政官的职位以及大部分的职责权力，会留给那些满足纳税额条件的人。在此基础上，雅典的社会防御力量所依靠的，既非单独的军事机构也非其拥有的军队，而是依赖于全体公民的义务参与。那些最有势力的、行使（十将军委员会）权力的 stratêgos［领袖］（比如伯里克利），则要么领导着这支由最贫穷的普通公民组成的军队，要么替这些军队负担经费。而贫穷的公民也十分乐于参加军队，因为这是政府唯一可能向他们提供的雇佣机会①。而在柏拉图创作《理想国》的时候，也就是伯罗奔尼撒战争之后的几年，随着雇佣军队的壮大，公民军队渐渐在消失。为了反对当时雅典的社会分层，柏拉图在对话中采用的似乎是一种属于古代的三分法（即印欧 Indo-Europe 的功能三分：生产功能、军事功能、祭祀功能），这种划分彻底地颠覆了公民分布②。其中护卫者群体是必不可少的杠杆，只有它们具备联系生产功能与统治功能的中介作用，也只有它们可以提供力量，来确保权力的行使。

上文已经说过，对话将群体三分与灵魂类型划分相对应的过程中，并非毫无困难。然而，这并不是苏格拉底期望看到的局面，他曾说自己时刻期待见识对话者们最猛烈的反驳。苏格拉底说恐

---

① 每一个雅典人都既是公民也是士兵。Vernant 曾经详细讲述过雅典的这种军人与政治家的同质性，Vernant，1988. 也可以参阅稍晚的，Hanson 的著作，2000。

② 参见 Brisson，1997，页 96—117。

怕会有三"波"反对将自己压倒,第三卷中描写的护卫者生活中最具有争议的三个方面分别与这三"波"反对相联系。其一是女子参与军事活动(人们会看见她们赤身裸体地操练武器);其二是女人与孩子的共有,也就是说卫国者们不具备家庭属性,他们丧失了家庭生活与私人生活,过着完全的公共生活;其三则是将哲学与政治权力相结合的主张(让哲学家当王或者令王成为哲学家),他希冀以此来摆平一切政治难题①。苏格拉底对这些话题不厌其烦的强调与细致入微的解释,都表现出提出这些主张时,他冒着巨大的风险。对于一些敏感的雅典人而言,苏格拉底实在太过惊世骇俗,这些主张足以让他身陷囹圄。确实,这些主张对雅典社会及其政治组织形式提出了质疑。主张让女人参与最重要的政治任务,就是认可了她们可以拥有在希腊世界中她们所没有的政治地位。主张消除家庭生活,以及共享女人与孩子,就是在质疑雅典民主制的基础——它建立在以部落(与"dèmes",即古希腊的乡或镇)为单位的区域划分上,以纳税等级为凭据的贫富划分上,以及以房产为单位的家庭划分上(私人地产扮演着十分重要的角色,没有任何改革触及过土地分配中的不平等)②。至于哲学王,我们很难评断这是否只是一个缥缈的梦想,还是与民主制相悖的精英政治或者寡头政治的信条,但无论它是什么,雅典都不可能将之投射到现实中。苏格拉底所构造的城邦(以那三条措施作为政制形式)在任何意义

---

① 正是因为哲学与政治权力都集中在同一个人身上十分偶然,"哲学王"才具备了传奇色彩(这是一个由读者们缔造的传奇,柏拉图本人并没有运用过类似的表达)。哲学王未必能令人信服,一方面是因为它将所有的权力全部交付给一个个体(实际上柏拉图用了复数形式:只需要"那些被我们尊为王或统治者的人可以去追随哲学,这样政治权力与哲学理智之间就构筑联系了",卷五,473d),另一方面则是因为它不恰当地给了哲学以优先地位("哲人-王"这一表达就很合适)。并且,如果这个短语是合适的,那么"哲人统治者"的性别就男女皆可了,因为柏拉图明确地允许女人可以像男人一样充当卫国者,而统治者就是从这一阶层中选拔出来的(《理想国》,卷七,540c)。

② 排斥家庭是柏拉图政治思想的显著特征。第五章讨论《法篇》的时候,我们会重新回到这个话题。

上都与雅典民主制及其法律相去甚远——正是出于这个政治原因,苏格拉底才说害怕被惩罚和谴责①。但是,假若暂时将这些困难以及政治争论撇开不谈,对话的绪论、对重要问题的解释以及行文的脉络都十分清晰了。在提出那个政治对比之后,对话解释了城邦的起源和组成(卷二至卷四);在卷五至卷七中,对话则主要应对城邦可能遭遇的第三波反对(通过给出了一个关于哲学-政治能力的定义);之后,它转而描写了这种优越的制度可能遭遇的结局(也即衰败)(卷八至卷十);最后,对话回应了最开始的时候提出的问题,并给出了对公正之人的定义(卷九末尾)。

对话的后几卷只是在进一步阐发前几卷的部分要点和影响,所以我们完全可以将卷二到卷四视作一个独立的部分,它以政治对比为开始(卷二,368c),以对公正城邦的描述为结尾(卷四,444a)。Jacques Brunschwig 曾说,"《理想国》其实在这里就可以很好地划下句点了。"的确如此,前述探究中提问以及论证思路的独特之处,使得我们有足够理由对这部分进行重视。

卷二至卷四认为,城邦起源于不断递增的需求以及对需求的满足。最初,人们是为了满足基本需求而聚集到了一起;之后,也是因为城邦中各种其他需求的日益滋长,各种各样的职业才渐渐出现。每一种需求都创造了一种职业,一种功用。只要有足够的动因,这种递增也将永不停息。于是,柏拉图首先给出了一条原则:功能必须是专门的(一个人只具备一种功能:这是分工的一种形式;卷二,370b-c);之后,他又限定了职业的增殖(卷二,372)。这种限定由必然性强加,当城邦不再满足于基本的生存需求(衣、食、住),开始追逐奢侈,需求新的产品,以及新的财富时,城邦就已

---

① 即使由于苏格拉底的小心提防,反对的声音有所减弱,但是它仍然存在。这种反对是政治性的:苏格拉底所说巨大的改变,渐渐被阿德曼图斯从"完全改变"描述为"政治制度"(卷五,449d)。

经逾越了这种限制。

卷二的370—374是对《理想国》第一部分的清晰的阐释和总结。可以将它简化为一张环行图,来表现城邦同时受到两个相反的动因(两种发展之路)的影响:其一是腐败,它将健康的城邦(卷二,369)变成患病的城邦(卷二,372—374),其二是改革,它通过对卫国者的教育来净化城邦(374—399)①:

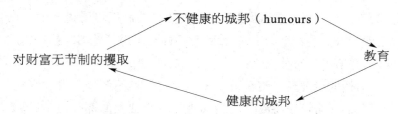

因此一个城邦可能有两种相反的成长方式。一种是病态的,其主要特征就是追逐财富以及滋生需求。另一种则是教育性的(对护卫者的教育),教育的作用即限制需求的膨胀以及城邦的堕落。对话认为,假如不给城邦设限,城邦将无限膨胀(并因此冲撞到它的邻邦)②。这种想法有些奇怪,但事实上它是有道理的,城邦发展的真正动力即是对财富的无节制获取,那么它就会排斥其他所有的原则。为了理解这一点,我们必须和苏格拉底一道,在城邦的建立与它的发展之间做出区分。根据对话的说法,城邦的建立是受基本需求的支配,这种观点实际上将城邦视为一群共同设法满足自己基本需求的人的共同生存(sunoikia)。另一方面,城邦的发展则表现为基本欲望以及其他欲望的不满足。而贯穿了整部对话的政治前提是:如果一个城邦是好的,那是因为她实现了平

---

① "我们无意之间已经在净化这个城邦了,刚才我们说过这个城邦太奢侈了"(卷三,399e)。

② 更奇怪的想法是,认为城邦的体量就像个人的躯体,必须在某些限制下成长。但是在此处,领土扩张并不等同于城邦的躯体。《理想国》中的心理学对比以及类比常常显得十分模糊。

衡，人们既不能使它变得更好，也不能将它变得堕落。

之后，卷八至卷九描述了政治与心理学两种意义上的不公正，对话回到了城邦病态的不平衡的问题上。然而，我们不应该就推断说一个公正的城邦必然是静止的，也不能说柏拉图追求的是一个不动的理想（这样根本说不通，因为自然界的一切事物都处在运动中）①。我们应该从城邦健康状态的循环重新出发，城邦的公民团体各自找到平衡状态才是城邦健康的前提，唯有这样，才能保证公共的美德状态。这种状态至关重要，但要注意，这种前提并不是"自然前提"。城邦的自然前提是增长的需求，正如苏格拉底所说的，城邦的起源是(basis, archê)"我们的需求"（卷二，396c）。但需求自身之内并不包含自我限制与和谐的原则，因此城邦自然地运行状态就是需求的膨胀。所以，认可及修正这种自然倾向并不是问题的关键所在，如同当苏格拉底试图迫使格劳孔承认有些需求比别的需求更重要、更人性时，格劳孔所要求的那样（苏格拉底的需求只够满足猪，372d）。相反，这种自然倾向必须被根除。必须要强行赋予城邦一种与它自发自然的运转截然不同的生活模式，以及一种不同的动力。思想的对象应是城邦。唯有打破"共同生存"的自然形式，政治才能真正地将城邦变成城邦（而不仅仅是一个牧群或者一群人型动物的偶然集合）；且唯有当思考能提出某种形式的聚集以及公共生活，使其脱离了需求的循环，也不再仅仅是某种精良的动物生活的时候，这种自然自发的形式才能得以打破。最高级的思想（首先是数学式的，其次是辩证法）将给予哲学家这种形式的知识，也将给予他们治理城邦并将知识付诸现实的能力。这种柏拉图式、极具代表性的对思想的巨大自信，有时令我们难以理解和想象，这是因为我们并不习惯哲学思想会与政治效用具有

---

① 但是，由于人们可以给城邦带来重要的改变（赋予它以哲学权力），所以对于一个已经变得堕落的城邦，在善的意义上发生改变是完全有可能的。

直接相关性①。在《理想国》中，政治不仅仅如同所有技艺一样，需要的反思及审慎（鞋匠也必须要知道人怎么走路、脚是什么）；政治还要求着最完美的思想——毫不含糊的真正的认识。

服务城邦

从第二卷到第四卷这段漫长的描述中，城邦仍仅是零散部分的累加。但随后，对话开始讨论了对护卫者的教育——教育提供了限制城邦扩张的可能性及方法，另一方面也是对城邦无限度扩张的补救。从这个时候开始，对话就已经将城邦视作一个统一的整体来进行研究了。在这个阶段，苏格拉底开始对城邦的等级划分，以及组成城邦各个元素各自的地位进行解释。

到目前为止，苏格拉底已经完成了对城邦的第一张速写，他继续追随着政治反思，来到了一个岔道口上：其中一条是对话前四卷所践行的，心理学（灵魂论）之路；另一条则是德性的功能性运用之路。对话在先前进行灵魂与城邦的对比时，就践行着前一条道路，至于后一条道路则开始于对德性进一步的论述，这正是对话此时正要踏上的道路。

以灵魂比之城邦，这不是《理想国》中发展出的新对比，它实际上是对《高尔吉亚》中一个分析的延续——政治是照料灵魂及其健康的技艺②。柏拉图回到了之前的定义上——人即灵魂，并在《理想国》中进一步发展出一种心理学（在这里，或许人类学一词更为

---

① 或者我们仅仅认为，技艺能力与之具有相关性（这要归因于我们的技术专家治国论 technocratic ideology）。苏格拉底对话者们的反映，以及诸如阿里斯托芬的《云》（它嘲讽了苏格拉底的学园，以及所有滑稽的梦想家）的喜剧中的反对声音，无一不表现出，柏拉图面对着根深蒂固的不理解。然而，来自他同时代的怀疑，与今日人们对他的怀疑还是不同的。

② 464b-c；故而政治由两部分组成，其一是正义，其二是法律。

恰当)来进一步检验人类各种不同的能力，检验当三种不同灵魂达到平衡状态时的人的行为。这种检验一直延续到之后的《斐德若》（其中的术语也得以沿用）：《斐德若》也旨在阐释，灵魂应被如何统治，以及，当灵魂的三个部分已经达到平衡与公正，即已经达到了卓越的状态时，怎么让其中的某一个部分获得权威性。《理想国》所研究的就是这个三分的对象——对象既有心理学的性质，也有政治的性质，但无论在何种层面上，这个对象的完美都源自于关于现实的真正理解（也即对理性形式）。另一方面，如同《欧绪德谟》中所说（《理想国》也表明了这一点）政治既然作为知识的一种形式，那么其中也包括使用这种知识的方式：政治也是一种技艺。因此与其他所有技艺一样，政治也有自己的功用与对象。为了更好地理解这一点，我试图归纳出《理想国》中所有关于德性以及技艺的言论——在柏拉图主义中，这两个术语总是相关相息。①

我们应该还记得，早期对话总以知识或者德性的角度审视政治——知识是德性的原因。在任何领域，卓越（或言德性，aretê）都建立在知识之上。《欧绪德谟》、《美诺》、《高尔吉亚》都不断地强调这一点，它们都认为任何事物都拥有自己的特殊功用，正是这种功用，将所有事物区分开来。而卓越，就是将这种功用良好地落实的能力。打个比方，要斩断一根葡萄蔓，我们可以用小刀，可以用斧子，也可以用其他工具。但专门为此发明的园艺修枝刀会比所有这些工具都更好地完成任务。所谓卓越，即是这样一种专用的事物，可以"比其他任何事物更好地完成"②。因此，就应将德性定义为"事物自己专有的功用中的卓越"。对于每一件事物都是如此——想要探究一件事物的德性，就应探究它自己的功用（ergon）与它用于实现这种功用的能力（dunamis）。这不但适用于城邦的

---

① 如同我在 Pradeau, 1999, 页 18 以下试图指出的一样。
② 《理想国》, 卷一, 353a10-11；参见 352e-353a。

公民——每一个人都必须完成一项自己的任务；这也适用于城邦本身，对于城邦而言，在公正的支持下，它也应具备一种特有的能力或潜力①。一个城邦的能力，往往建立在一种确定形式的知识之上；而对德性的探究也总与对灵魂的探究存在关联；所以，所谓有德的统治，即是在要求有知的统治。那个（或那些）施行统治之人，就必须有能力知道，每一件事物适合什么，这样，每一件事物才能以卓越的方式实现自己的功用。

这样的要求产生了两方面的影响——而且，从《理想国》卷五开始，这些影响解释了哲学家在城邦中所扮演的角色。

首先，哲学家必须理解每件事物，尤其要理解每一个公民群体，这样他才能分别决定它们的性质，并发挥它们的功用。正是这种"纯粹从政治角度出发的观点"，使得对理念的知识拥有了不可或缺的地位。所以，一方面政治上的需要是关于形式的知识的理由，另一方面关于形式的知识也建立在政治需要之上。换言之——这是十分重要的——"哲学王"这一角色实际上是对一个纯粹政治性问题的回应：并非因为有知，哲学王才去统治；而是因为，权力要求关于是者（what is）的知识——它是权力公正行使的条件，所以权力才必须生产出一个哲学家（请按"生产"的字面意思理解，因为就是城邦自己诞生出哲学家）②。或者，更准确地说，城邦要么生产出哲学家，要么使得统治者成为哲学家。但无论是哪一种情况，问题的关键都在于，权力应由有知识的人掌握。这种关联是十分重要的，《欧绪德谟》就已经提及过它的重要性——对话中说道，政治之所以具有权威地位，并不是因为这种技艺本身比其他技艺优越，而是因为，每一种技艺都是凭借自己所产生的或为之服务的对象，而与其他技艺区分开来，政治的对象在所有技艺之对象

---

① 卷一，351b 以下。
② 卷七，520b，可从字面意义理解。

中则具有首要的地位。所以,正是基于所有技艺的这种内在要求,为了使它们得以在城邦中发挥作用,就一定要存在一种超然于其他技艺的技艺,唯有这样,城邦才能做到物尽其用。

因此,我们应注意,政治技能并不是自足的:它的权威性与权力(archê)并不包含在它自身之内。毋宁说这些是政治技能所产生的,它们是政治技艺产生的最终结果所带来的影响,政治技艺的作用是完善一件先于它而存在的事物(也即城邦),并且它本身也构成了对外部要求的一种回应(即,城邦必须被智慧地统治)。所以与《欧绪德谟》的末尾一样,《理想国》也没有将政治当作绝对的、自足的技艺。对话中,政治被视为一种必不可少的知识,它来源于反思,而反思的对象不仅仅是城邦(就像辩证法的知识的范围也不仅仅囿于政治事务)。正因如此,除非和《理想国》之后的对话一样,预先承认政治部分地产生了自己的对象,并且政治本身的目的就是赋予城邦以秩序,并不断完善它①——否则我们将很难确切地形容政治知识的特点,也难以承认它是具有权威地位的技艺。

接下来的观点即是,哲学家必须进行统治。所谓统治得好,就是让公民们变得更好,有德且有知。这正是哲学家的作用,他之所以能胜任这种技艺,是因为他对现实有充分的认识(他精于辩证法,也就是说他很能理解是者[what is],而不仅仅是变动者[what becomes])②。于是,我们终于找到了在早期对话中缺失的信息:辩证法,就是构成政治家能力的知识,这是一种抓住"每件事情的本质"的能力(卷七,534b3-4)。

在《理想国》中,通过功用,政治最终得到了一个目的论的定义。卷三完整地阐述了这个定义。苏格拉底坚持说,一定要在护

---

① 关于《欧绪德谟》与《理想国》关联的进一步探究,请参见 Kahn,1996,页 208—209,Gill,2000,尤其是页 142—143。

② 根据卷三中的定义,533e-534b。

卫者中挑选城邦的领导者(412b-415e)。他解释道，最好选择那些经过了重重考验，证明了自己是对城邦最"有用"、最有能力做对城邦最好的事的人。显而易见，这种解释完全地受利益逻辑的支配。城邦领导者的职能就是要助长城邦整体的利益。值得注意的是，这种职能不来自某种特殊的能力，并且，它也不能在任何程度上被其他公民分有。它仅与它的功用有关(即统治城邦以使城邦利益最大化)，并且它的功用也和其他所有技艺一样，为自己产生的对象所决定。正是这种功用将护卫者与其他公民区分开来；另一方面，正是为了发挥这种功用，城邦才需要挑选和训练护卫者们，才需要挑选出他们中最优秀的那个人。所以说，实际上是统治的功用和领导的功用，决定了谁是最有能力的人。柏拉图从不认为每一个人都具备行使权力的能力。柏拉图与他的一些后继者(包括亚里士多德)以及许多现代学者不同，他从来没有提出过"谁应统治"这种问题；他也不会以掌握权力的人为依据，来划分、定义政体。对他而言的问题是，面对只有一种类型、一种形式的政府，也即好的政府，谁有能力确保它功用的行使？《美诺》尚在询问，是否有那么一天，会出现一个人有能力进行好的统治，而《理想国》则比之更前进了一步：由于具备这种功用的人尚不存在，所以需要训练出这么一个人。

因此，政治技艺的功用即是统治，它所关心的唯有一种利益——城邦作为一个整体时的利益。《理想国》中的核心段落就是在试图说明这一点。这些段落十分重要，因为它将城邦视作一个整体，并在此层面上，试图验证这个命题：一个公正城邦中的政府必然以公民全体的利益为重。当阿德曼图斯抱怨说护卫者们过于艰苦时(禁止拥有私有财产、金银财物以及家室子女)，苏格拉底却试图向他证明，护卫者们实际上是所有公民中最幸福的人。阿德曼图斯的反驳，实际上为《理想国》带来了一个所谓的经典问题——私人的、个体的利益与城邦的、公共的利益如何相兼容？一个个体公民如何才能确定，才能相信，他的利益(以及幸福)完全仰仗于城邦的利益？但是实际上，这个问题本身并不中肯，只有没有抓住重点才会提出这样的问题，因为正如苏格拉底所解释的，唯有在城邦确定了自己利益的情况下，每一个个体公民的利益才是有可能的。但这的确是一个关键性的问题，柏拉图没有回避它，反而以它为由，向读者们阐释了一个类比——这个类比与城邦的定义不可分割。面对阿德曼图斯的挑衅，苏格拉底没有再谈灵魂与城邦的对比，也不再谈城邦的起源：

> 我们的首要任务乃是铸造出一个幸福的城邦模型——我们不只为了城邦中某一个阶层的人的幸福，而是要城邦作为整体的幸福。对于那种相反情况的城邦我们稍后也会加以讨论。就像我们给雕像上色的时候，有人过来说我们没有将最美的颜色用在肖像最美的地方——眼睛作为最美丽的部分，被涂成了黑色，而不是最美的紫色。对此，我们完全可以认为以下的回答是充分有理的："这位奇怪的朋友，我们是不会这样美化眼睛的，因为那样眼睛就不像眼睛啦；对别的器官也是一样，我们只会给它们各自应有的样子，来得到整体的美。"这会儿你可以不再替护卫者们要求幸福啦，那会使得他们不再是护卫者。（卷三，420c2-e1）

若说对话者之前对这个逐渐树立在他们眼前的制度的起源还不清楚，苏格拉底的这个类比（此处就不再是对比了）就完全地打消了他们的疑虑。《理想国》中的政治蓝图不是在描摹雅典，甚至不是在描述任何希腊世界的城邦。或许和在《法义》中一样，对话中城邦的物质元素——职业、团体甚至主要的知识领域（或者说技艺）也与希腊如出一辙，在这个意义上可以说柏拉图并不是在发明创造一个城邦。然而，隐藏在这些材料背后的政治结构却远超出了雅典人的想象，它与雅典人对公共生活以及政府的所有见解都迥然不同。随着对雅典城邦的拟人,对话很好地证明了,城邦的统一才应当是政治演说及政治宣传的重要主题。但是,除非能解决关于权力的问题,让城邦中的一个特定"部分"来行使权力,不然绝无可能将所有城邦公民聚集在一个单一的城邦中,并使他们遵从于同一个意志[①]。《理想国》认为,某一个群体专权就代表着一种特殊的政治形式,或者说,这是一种内乱的形式(斗争的城邦)。

寡头政治认为,那些"好的"、出生良好的人,应该去统治"坏"的人,该对话驳斥了这种观念[②]。传统的表述权力的方式是用统治整体的那个部分来命名政体,亚里士多德在《政治学》中也阐述了这个问题;这种想法与柏拉图的思想是相牴牾的,柏拉图始终将城邦作为整体来进行思考。柏拉图以城邦的统一为前提和出发点,他将每一个个体公民——无论这个公民是谁,都视作城邦的一种功能。这种观念为柏拉图对职业的讨论,以及每一个个体公民只应行使一个单一功用的想法,提供了支持(虽然另一方面,理想城邦的可实现性仍有争论)。三种不同的功能划分出了《理想国》中的三个群体:负责食物、房屋,从事贸易与提供服务的群体;负责防卫工作的群体;最后,还有负责思考与统治的群体。一目了然,没有哪个功能可以脱离另外两个功能,并且只要生活在城邦中,居民就必然参与着其中的某一个功能。所以,功能将城邦与公民联合在了一起。城邦代表着这些功能的联合与兼容;而公民权力则意味着行使这些功能。

这种一致的形式,迥异于近代以来看待个体与群体的方式。现

[①] 因此,伯里克利在赞美雅典城邦战时的团结统一时,不忘解释道,掌握权力的不是大多数人,而是雅典的人民(dêmos)。参见《伯罗奔尼撒战争史》,尤其是其中的葬礼演说,卷二 35—46。

[②] 《理想国》卷六,499b-500d 明确地将矛头指向了寡头政治,苏格拉底解释说,归根结底,公民与哲学家都面对着共同的敌人——少数人,他们不但反对城邦的善好,也反对知识。

代的观念要么将公共(政治)系统视作个体利益与国家利益相互的满足,要么就认为它是在满足个体利益的过程中,偶然地实现了国家利益①;这两种观点都与《现想国》所传达的观点完全不同。这也部分地解释了,为什么与现代人不同,希腊人很少给个人以充分的发展与自主权。当然,个体或者说公民不是柏拉图思考的优先元素,也是原因之一。柏拉图更倾向于描述一个个体化的进程。

《理想国》的前四卷作出了一个初步的论断(420c2-e1),它将城邦的起源归结为公民的个体化——通过一系列教育与测试,根据每一个公民的天性与能力,使得公民们都能够认识并且接受自己在城邦中的功能。但是,以现代的观点看来,柏拉图没有考虑过,公民如何将城邦的准则内化(其中最主要的准则即是"每一个个体都应为了整体而行使一种功能")。这些准则是出于善好,或者共同体的利益,然而,柏拉图既不想知道个体是如何调节个人行为以吻合准则的,也对个体理解准则的方式毫不感兴趣。每一个《理想国》中的公民,都只能拥有唯一的信念,城邦的领导者必须不惜一切代价——哪怕是谎言的代价(神话)(《理想国》,414c-415d)——去维持这个信念:城邦必须是一个不可分割的整体,所有的功能团体都必不可少,它们共同维持着城邦。所谓城邦的统一,就是城邦中诸多元素的平衡,这种平衡一定要被时刻小心地维持着(产生尽可能好的公民,并且排除一切可能引起斗争的因素),但城邦还是会不可避免地经历卷八中所描写的堕落过程②。

严格说来,就《理想国》的作者看来,世上只存在一种城邦——也就是《理想国》所描述的那个城邦。除此之外,不论古今中外,所

---

① 第一个观点来自黑格尔,1953,页49—53。第二个来自亚当·斯密,1976。

② 唯有在卷八中,在城邦与灵魂各自有缺陷的情况下——无论是心理缺陷还是政治缺陷(参照卷二对比中的术语),个人利益与城邦秩序之间才会出现矛盾。在理想城邦中,如果存在任何违悖了公共准则的个人的内在化,如果有任何一个公民不按照城邦的指令去生活,那么,这个城邦就即将走向失败,或者说,它已经是失败的城邦了。

有城邦都是堕落的、不平衡的,并且充斥着内乱。惟有一种城邦有能力使各种功能有序地联合。当某个功能以可能的最佳方式完成某事时,我们就称这个功能是有德的。对城邦而言也是这样,当卓越的功能聚集在一起,并构成一个自足的共同体,那么这个城邦也就是有德的。在柏拉图看来,只有一种城邦满足这样的要求:统一的城邦。这个城邦囊括了柏拉图所谓的一切卓越的功能,使各种不同的德性组成了一个共同体,这就是柏拉图所说的正义。所谓正义,在这里指的并不是符合准则的行为,不是关于卓越的特殊标准,也不是一种德性。事实上,它是一个标识,表示所有德性的联合。并且,柏拉图认为,"正义"同时适用于灵魂与城邦,因为这二者都"由多组成",需要"成为完整的统一体"①。

这段文本特殊的地方在于,它使《理想国》从个体利益与城邦利益的困境中走了出来——它指出,前者只是后者的一个功能。这就是为什么,一个公民或者一个公民的功能群体,可被视作城邦权力(dunamis)的潜在源头。这也是为什么那些功能有效行使的前提,即保卫与维系整体的平衡(整体的和谐与健康均取决于该模式)②。

根据对话中的定义,在最好的城邦中,公民的功能就是公民与城邦相联系的纽带。对公民而言,这是他的角色(行使他自己的功能),也是他对公民整体的需求的贡献。然而,功能的施展并不就是一个公民所有的生活(并不像阿德曼图斯所担心的那样;《理想国》419a)。只从这个单一的方面去考虑公民身份,无视公民生活中的教育、文化,公民的公共生活方式与公民活动,这显然是错误

---

① 参见卷四,443c-e。只存在一个真正的城邦,或者说政体(即受知识统治的),而其他的城邦仅仅是它的或优或次的有缺陷的副本——这一观点在《政治家》(300c-301e)也出现过;第三章中我会对此进行详细讨论。

② 在刚刚提到的《理想国》段落中,尤其是420c2-e1,城邦与活物相提并论,在早期对话中城邦也以这种方式被拟人化。由于对话对城邦组织功能的表述,功能分级自然而然地成为了最受政治思想青睐的策略。因此,《理想国》对身体几乎只字不提反倒显得十分奇怪。

的。对话中,苏格拉底不让最有价值的知识流向公众,只留给那些有天赋并且接受过统治城邦教育的人;但这并不意味着,剩下的那些教育程度低的公民就被遗弃在错误的信仰以及偶然的意见中了。柏拉图十分注意对意见的正确引导,他有时还会严厉地批评大部分诗人与修辞家,这些人总是煽动公民的信念,柏拉图斥他们为不虔,并认为他们不利于保持城邦的统一。他所以为的真实并不仅是自足的、自治的思想领域,也不仅仅是某种感知现实的方式,它同时意味着灵魂渴望按照符合它所能设想的完美,来安排关于自己一切的倾向。因此,如果你真的知道何为善,何为美,也即如果你知道善与美的形式(或理念),你的灵魂将不住地渴望它们,并想方设法让善与美出现。理由很简单,因为灵魂会渴望那种快乐,《斐德若》曾充满热忱地描述过的那种快乐(247b-248c)。

此外,在《理想国》中,真理是生产性的,一方面是因为对某一件事情的知识往往是对另一种事物的知识的出发点①,另一方面是因为知识是自我延续并自我增殖的。柏拉图认为,有知识的人都应该有教授的能力。理解了这一点,就能理解他为什么会将权力的行使与教育(提升人民)相糅合。他得出结论,统治的前提是影响公民的意见,使得意见与真实相符。从这个角度来说,哲学的政治任务就是,生产关于城邦的正确意见,并使城邦中的每个人按照"应然"行动。因此,功能的不同,以及等级的划分,并不意味着不同的公民群体会因为各自知识与行为的不同而彼此分离,也不意味着,公民作为个人,彼此之间有不可逾越的鸿沟②。在这个意

---

① 善好的形式与太阳的形式之类比表明(卷六,507a-511d),真正的知识是一个前进的过程。

② 对话花费了很长的篇幅(372d-427c)描写对卫国者的教育,以及对他们进行测验以检测他们中谁适合继续学习并成为辩证家-领导者,这已经足够清楚地表明,属于某个功能群体的个人可能被驱逐出这个群体,并转化为另一个功能群体的一员;同时,公民也可能因为自己的能力,得以进入其他功能群体(请参阅卷二,374b-376c以及卷三,412b-414b)。

义上说,柏拉图的好城邦展现出了社会的渗透性与流通性,这是雅典的公民所难以想象的——他就像待在一张紧绷的、没有弹性的网中,被各种各样的忠诚所包围着——他要忠于他的家庭、忠于他的部族、乃至他的人民①。《理想国》中,公民身份所要求的不过是个人功能的施展,以及保证功能能够行使的足够自制力。要想以最好的方式发挥个人的功能,必须意识到每一种专门的功能都与城邦中其他的功能相联合相兼容。所以重要的事情是,不论以什么方式,都要让每一个公民将城邦视作一个完全的、复合的整体,并且感到自己归属于它,又与它相似:毋庸置疑,这种城邦是一种卓越的生活方式。正如在个体生活中一样,永远不要将城邦的卓越当作理所当然的,而要不断地努力提升它(这要通过教育所有的孩子,和训练所有的公民)。

政治科学(与政治)

政治科学或许会被定义为(在哲学和辩证法的意义上),关于适合每个公民或公民整体的东西的知识。这与两个正在进行的讨论有关,其一关乎灵魂(卷首的对比介绍了这个对象),另一个则关乎德性(在对话初始,苏格拉底询问什么组成一个正义之人,介绍了这个对象)。于是,心理学意义上的卓越与政治意义上的卓越渐渐相互融合:当城邦的统治者(们)有哲学能力,人类行为的心理学卓越,公民关系的卓越,与城邦之为一个正义整体的卓越便全部融合在一起了。关于正义的定义——正义即全体的人各个部分之间的卓越关系(卷四,443a-444a),已经揭示了这一点。这么看来,《理想国》显然抛弃了苏格拉底在《欧绪德谟》(291c-292e)中的含蓄缄默:城邦活动的整体都交到一位有纵观(synoptic)能力的辩

---

① 关于雅典社会清晰和完整的表述,请参阅 Mosse,1995。

证学家手上了——这种能力事关所有事情的卓越①。有必要再三强调一点：是纵观能力使得辩证学家可以统治。因为他理解不同教育之间的"亲属关系"，也即他知道它们的特征，它们之间有什么关系，以及其中哪些要优于其他，是哲学家在指挥着它们。

然而，一个对政治的认知的定义（将政治权力与辩证法知识相融合的定义）并不足以涵盖对各功能的整合以及对政治的使用。如果要将政治定义为一种技艺，一种确然的使用知识的方式，还必须说清楚它的规则与对象，它所需要的材料和它最后的产品。就像《欧绪德谟》里说的，只有这样我们才能弄清楚政治怎么超越于其他技艺以及它们的产品。共有三个原因使得《理想国》并没有完成它们。

首先，与《欧绪德谟》相对照，《理想国》并没有试图定义组成政治的特殊知识，或者说技艺；它满足于直接指称②。它从来没有这样给政治下过定义，它只是讨论着假定的政治的对象，城邦与其政治体制，而不曾定义作用于它们的知识或技艺③。至于为什么文本没有给出这个定义，显然是由于政治统治与辩证法科学相融合，所以它被哲学家的辩证法替代了。在《理想国》的中间部分（卷五至卷七），重要主题是关于善的理念的知识教育，而不是对某种政治知识的分析。而对善的知识是如何揭示出对城邦生活的治理，文本则并没有清晰地阐明。

其次，作为上文的结果，以辩证法取代政治知识，解释了《理想

---

① 卷六，533c-d，534e 与 537c 中有提及对话具有纲要的性质。辩证家就是"一个有能力得知每件事物的本质的人"（534b3-4），以及一个有能力具有纲要性观点的人（537c6-7），这就是为什么对那些天生对哲学怀有感情的（年轻的）人而言，"专注地研究自己与其他人以及其他事物的性质类似的关系"是十分重要的（537c1-7）。关于《欧绪德谟》与《理想国》之间的关系，参见本书第 49 页注释①。

② 《理想国》只有在提及"政治技艺"的存在时，通过一个例子，将它与绘画及音乐相关联：卷五，493d3。它从没有使用过"政治科学"这一表达。因此应当非常注意这些术语：《理想国》并没有过多地谈及"政治"。对照《欧绪德谟》，291c-292e。

③ 政治的对象，或者说它的领域，是"城邦事务"，politika；请注意卷三，407d4；卷六，496c3 与 498b8；卷八，558b7；卷九，592a5。

国》为什么几乎没有表现出任何关于政治如何产生与使用"所有事情"的方法的兴趣。这些在《欧绪德谟》中被认为十分紧迫的想法,在《理想国》中却显得微不足道。对此,最重要的一个原因就是在最好的城邦中,哲学家的性质与功能。他不是匠人,也不是技师;如同我们刚刚已经重复过的,他的所有工作就是管理着已经实现了的完美:也就是行使他政治功能中的教育部分。在《理想国》中,柏拉图将哲学王与其他政治技师区分开来——即城邦的建立者们,苏格拉底与他的对话者们。如果说哲学家的工作是管理城邦,那么这些人就是"在谈话中"建立城邦的人(卷二,369a)。在卷七519c8中①,苏格拉底又一次将他们描述为城邦的"建立者",其功能就是保证他们的作品能处在哲学家的管辖之下②。他们的创造物——城邦,像一副画卷般事无巨细地被展现出来,建立者们模仿着神圣的模型,在这张画布上描绘他们的蓝图(卷六,500d—501c)。要想理解这个重要的技艺比喻(城邦建立者也是一种技师),就必须清楚地区分其中每种技艺的特点。"城邦政体的设计者"并不是治邦者;他只是模仿着卷九中所说的那种"来自天上"(592b)③的神圣而有序的模型,勾勒出一张蓝图罢了(501a9—c6)。所以说这张图画其实只是摹本,它"按照神的形象"创造出人的特性。而负责管理城邦的人,则不参与创造这些特性,他们的任务只是按照人们的天赋来分配这些特性。

《理想国》对政治实践与政治技艺保持缄默的最后一个原因在

---

① Hoi oikistai 指的是那些建立居住地的人。这个词语既指建立者也指殖民者(在《法义》,雅典人用它来形容克里尼亚,以及殖民地的"另外九个建立者",卷五,753a9)。

② "对我们,建立者来说,我们的天职就是,……迫使那些具有最好天性的人",卷七,519c。并且,约束都是以整个城邦的名义进行的。

③ 文本影射的"神圣的模型"指的就是天体,天体的运动是完美的。柏拉图放弃了雅典的宗教(关于奥林匹克众神的宗教,柏拉图认为这些神的行为与感情过于接近人了),他将那些最完美的有生命的物体神圣化:也就是那些天体。天体和星星是最首要也最重要的神。

于,谈话者们对城邦中的各种物质形体的性质与组成都显得兴致缺如。要想论证这一点似乎是很容易的,只消指出城邦之有三个等级,恰如灵魂之有三种类型,然后再论证这种心理意义上的对比必然会使得讨论将自己局限在思想与性格的范围之内(在卷八中,个体的性格实际上重现模仿了城邦的状态)。然而,一个更具体的批判却是十分必要的①。《理想国》没有提供任何关于人类身体的描述,或者更广泛地说,它没有提供任何关于"凡人以及有死之物"的描述(它也不曾提到过地理或建筑,这些事物连同发高烧的城邦中的奢靡享受一同被剔除了)(《理想国》卷二,372e-373a)。对这种现象,可以有两种解释。第一种是说,《理想国》本来就将城邦当作对灵魂,对神圣之物乃至理念之物的模仿,所以城邦在其中具有一个相对模糊的组织形式,或者出于某种避开了所有物理维度的事情的和谐之中,都是无可厚非的。我们还可以解释说,如果《理想国》不赋予政治任何特殊的技艺以及认识论的地位,那么它也就没有给政治任何特殊的对象。事实上,让哲学家做统治者,正是使得政治可以自我立法,而不至于隶属于某种具体形式的活动。统治者眼里没有任何特殊的对象,他立法只是根据所有存在的事物,将一些管束起来,另一些排除出去。对此最好的证据就是卷二中(《理想国》,373b-e)描述的城邦的"病态"的扩张。《理想国》再也没有回到苏格拉底最初设想过的健康的体制上(这种体制只会满足那些必须的需求;369a-372d)。反而令人十分吃惊的是,它将一个包含着众多职业和护卫者的患病的城邦(由于侵占了邻邦的领土,这个城邦必须参加战争),视作一个好的政体的出发点。因此,在卷四的末尾,达成完美的代价就是定义清楚每个个体的功能以及一种合理的约束——其目的就是整合各个阶级,以使得它们通过给与彼此某种特

---

① 在《蒂迈欧》的开头,苏格拉底曾经对《理想国》中的表达做出过批判(19b-c)。请参见卷四,2。

殊的品质与功能,而互相联系①。要想达成完美,城邦必须是正确而得到了净化的。因此,政治就存在于一种对预先存在的材料的哲学净化中,这就是为什么它不是某种特殊的技艺。

《理想国》是一个原创而暂时的政体。柏拉图用它来与一种历史悠久的政治文学竞争——这类文学常以散文论文为体,它们研究各种政治体制,并论定其中哪一种政体是最优秀的②。柏拉图则修改了它们的原则。这些论文都具有鲜明的党派特征,它们为了最终将权力交予自己支持的党派而彼此竞争;与它们不同,柏拉图想要表现的是,无论是谁进行统治,都是城邦的各个元素的组织,以及与之相宜的权力行使所带来的结果。换言之,根据城邦政体的不同,在卓越的城邦、或寡头体制的城邦,甚至民主制的城邦之中进行统治的人(或人们)的智慧也不同,同样,城邦之中的公民的卓越也不相同。因此,统治者、被统治者以及他们灵魂的布局都是政体的结果,也是表现政体优劣的标志。在卷八中,这一点被表现得尤为清楚,柏拉图列举出了每一种政体,以及它们分别产生的个体与认知方式。他对城邦的研究以政治反思为出发点,并以城邦的统一当作政治思考与活动的最终目标。故而,他对政治科学的观点十分简单,即一种致力于城邦更深远的利益的辩证法:要抓住使得城邦成为现状的原因。在晚期的作品中,《理想国》中的描写与阐述也从不曾被抛弃,它们仍将对城邦的管理视作一种教育,这种教育受到知识的支配,其目的是保卫城邦不走上腐朽之路——然而,腐朽却是不可避免的。另一方面,关于城邦统一以及城邦利益的思想则面临一系列的修改,这是为了消除其中的歧义,或者说为了消除《理想国》所采用的心理学以及教育模型的局限性。如同苏格拉底所说的,《理想国》毕竟只是一个构想,一张草图。

---

① 这是关键的一点。《理想国》完全将法律看作一种修正性的限制。我在适当的时候(第五章)会证明,与之相反,柏拉图的最后一篇对话认为法律是对法律的建设性的限制。

② 关于制度的种类,请参阅 Jacoby,1949,与 Bordes,1982。

第三章　制作城邦：《政治家》

柏拉图既然将政治视为某种技艺，那么他就有必要规定政治技艺的材料，并说清楚要如何使用这种政治技艺。政治有什么用处，它又为什么而服务？它如何运作？它的材料有什么性质，谁能使用它？到目前为止我们已经得到了这些问题的答案，并且大体来说，这些答案总是一成不变的：政治的材料是城邦整体，赋予它以形式的是拥有知识的统治者——哲学家。而《政治家》的任务，乃是在这些一般答案的基础上，更详尽地对政治技艺的功能进行描述。在这篇对话中，柏拉图将统治城邦的政治技艺与另一种与之运作方式十分相近的技艺（编织术）相比，并借这种类比来描述和定义政治技艺。城邦中存在着林林总总相异甚至对立的元素，"政治家"使这些元素可以相容共存，从而产生出城邦的统一——这就是他的编织作品。

政治技艺的必要条件

《理想国》奠定了《政治家》的基础，必须借助前者才能够理解后者的政治研究。《政治家》在《理想国》的框架之内，试图继续解决其中的一些难点，并进一步阐释某些重点。在《理想国》中，苏格拉底的三位主要对话者分别是特拉绪马霍斯、格劳孔与阿德曼图斯。这三位年轻人都带着敌意,轮流批判苏格拉底论述中的错误——这实际上使得苏格拉底有机会逐一向他们阐明自己的论述。这三次反驳出自三段不同的讨论,但是如果从对待利益的态度来看,这三者其实是同一的。特拉绪马霍斯反驳的核心是:苏格拉底所说的,"统治者的出发点是被统治者的利益",根本说不通。① 随后的格劳孔则嘲笑说,苏格拉底所说的健康城邦是猪的城邦,人类真正优雅的东西竟都被这个城邦驱逐在外。最后,当苏格拉底描述护卫者的生活时,阿德曼图斯接过了话头(419a),他指责苏格拉底回报给护卫者们的生活是不幸的。我们可以发现,事实上三位对话者都在重复同一种批评——即批判苏格拉底为了公民全体的利益而轻视个体的利益,尤其是护卫者的利益。

这种批评反复地出现,它认为个体的利益在于尽可能多的享乐,对此,苏格拉底在《理想国》中一律回应道:为了保证全体的利益(全体的利益构成了全体的统一),一切个体利益都只能具有从属地位。他首先回应的是特拉绪马霍斯,他解释道,从事领导与统治的人,会理解并且照料他的每一个服从者的利益(或健康);接下来他回应格劳孔:个人的需求必须与全体利益的满足成正比;最后,他回应了阿德曼图斯的反驳,并向他证明,城邦整体的利益是它每部分利益的惟一条件与原因。

因此,城邦唯一的利益就在于城邦之为整体的利益;正是这利

---

① 参阅卷一 341d-342d 的讨论,苏格拉底说,只要是技艺,就会获得或者产生某种固定的优势,某种"利益"(sumpheron)。进一步讲述这个关于技艺的定义时,他解释道,这种利益既不是技艺本身的利益,也不是技艺者的利益,而总是技艺对象的利益。所以,对于医疗技艺而言,它的利益只能是身体(健康)的利益,而不是医疗技艺自己的利益,也不是医生的利益。所以说,确定对象的利益,这不仅仅是每种技艺的前提要求,同时也是它们最终的目的,因为技艺就是为了对象的利益而被使用的(正如为了健康才使用药物)。如果的确存在政治技艺这种东西,作为一种统治的技艺,它唯一的目的就是其所统治对象的利益。

益促成了城邦的统一。然而,尽管苏格拉底的回应简洁有力,又始终如一,但他以利益定义一种技艺,仍显得有些含糊并令人困惑。含糊之处在于,苏格拉底从来没有正面地反驳他的对话者们提出的前提,而仅仅是用"真正的利益"(城邦作为整体的利益)去代替他所认为的"错误的利益"(对个人享乐的满足),他满足于简单地将这两个明显不同的对象对立起来①。而且,在卷一中,苏格拉底只是诉诸于每种技艺独有的利益,却没有解释清楚,以技艺为出发点,"全部的"(如果不译作"普遍的"的话)利益究竟为什么可以凌驾于所有个别技艺活动的总和。他也没有解释,每一种技艺是如何发挥自己的作用,分别在他的阐述中占据什么样的地位,又是如何照料这个政治整体(也即城邦)的。面对上文提及的三次反驳,苏格拉底借助幸福给出了一种回应。于是,接下来问题就在于,用以区分各种技艺的专门利益,如何对公共幸福起作用。显而易见,统治者的专门对象就是照料整个城邦,因此"哲学王"就应该依据公共幸福去统筹城邦的活动。但是此处又出现了含糊,《理想国》并没有解释清楚诸技艺的步骤是如何与这个结论产生联系,后来又是如何指向这个结论的。

尽管如此,此时的利益问题却为后期对话开辟了道路。如果说一种技艺照料并管理它的对象,而对象的利益就是技艺的功能,并且可以用这利益来定义这项技艺,那是因为这个对象某些程度上是有缺陷的(正如药品之所以要存在是因为身体患病了)。对象的缺陷构成技艺存在的原因,而技艺的功用则构成对象的利益。这种想法很令人吃惊——利益既不为对象所决定,也不是受对象权衡的结果(对象追求着自己的"利益");相反,利益是一种状态,是对象最好地相宜于自己本性的状态。满足患病者的利益,便是

---

① 而不是进行解释,比如,他就不曾解释,为什么比起其他的情况,城邦的统一更能够使得个体满足自己的需求,并使得个人的健康和善好最大化。

令其重回健康;满足编制者的利益,即是为他梳理好羊毛。但是,对象本身的性质与它的利益之间存在的关系又是什么样子呢?苏格拉底在《理想国》中,依据其他技艺的影响,以类比的方式对这个问题给出了一个暗示性的答案:于患病的身体而言,药品给它以健康;于水手而言,引航术给他以安全的保障。从这个类比看来,将利益定义为技艺,与将利益定义为满足健康城邦的共同需求,这二者就是同一回事了。人们联合在一起,这样每一个人都可以满足自己的大量需求(卷二,368b-d);通过这种方式,人人各取所缺。这表现出一种计量思维:每一个人都发挥一种功能,这样,不同个体功能相互累加,才使得每一个体的需求可能得到满足。另一方面,在城邦创始之初,这也表现了一种联合思维:因为惟有所有功能都一齐得以完成,各种需求才可能被满足。因此,城邦所面对的难题(或者说弊病)就在于,要将各种不同的以及不充分的(即不能自给自足的)元素结合在一起。我们会发现,《理想国》并没有从技艺的角度,描述利益与需求的关系。这篇对话选择了从心理学的角度出发,将公民、公民需求以及公民利益之间的关系解释为灵魂的三种类型之间的关系。更准确地说,这篇对话是借助"正义"来处理了城邦内诸要素的关系。在卷二中,对话进行对比之后,就开始介绍正义了:

"那么,(我们的城邦中)在何处可以找到正义或不义呢?在上面列述的各种元素当中,正义与不义已经被带进城邦里了吗?""除非那些人都对彼此有某些需求(khreia)①"他说,"否则我设想不出来"。"或许这是一个好想法。"我说。(卷二,371e11-372a4)

---

① Khreia,还有使用的意思,表示某物被使用的方式。

第三章 制作城邦:《政治家》

通过正义的伦理尺度和政治尺度,接下来对话才可以为城邦中的需求与技艺产品设定界限。但是,这产生了另一个后果——对技艺的妥善安排,对技艺之间关系的处理,以及按照技艺的地位对之进行层次的划分,这些任务可能会被对话忽视。城邦的善以及统一都建立在正义的基础上,换言之,这一切都建立在每个个体对自己专门的功能的理解与实现上。

关于技艺,一直存在着两种不同观点(一种观点认为技艺的功用决定其能力,另一种则认为技艺受其利益决定),然而《理想国》实际上已经给出了调和这种矛盾的方式——即从一个技艺出发,来安排另一个技艺,总之,在这个调和的过程中,《理想国》解释清楚了某些标准或者说某些量化的尺度,如何对城邦的安排发生影响。这种安排方式从技艺的功用以及技艺的使用(khrêsis)方式出发,对公民和他们技艺之间的关系产生了影响。而在《政治家》中,对统治城邦的专门技艺性质的研究有了两个方面的进展。异乡人主导着这场对话,为了最终得到对统治技艺的定义,他提出了一个编织技艺与政治学的类比,与此同时,他还试图将政治学和那些与之类似甚至可能将它取而代之的技艺区分开来。

我们应当记住,《政治家》中的探索工作,首先开始于《泰阿泰德》,后来又在《智者》中得以继续,这项探索的最终目的就是要分别得到对智者、政治家以及哲学家的定义。显然,落在《政治家》肩上的任务就是定义政治家。但最后,这项探索任务却没有完成,这引发了大量的评注,它们都竭力解释在对第三个角色(哲学家)的定义究竟应是如何。但是,在我看来,这完全是一个假问题,因为通过阅读《智者》与《政治家》就已经能在两方面充分解决这个问题了。首先,联想起《智者》所描述的"虚假的影像"的同名者,就能发现对话其实已经真切地给出了真知的定义了——我们完全可以将这种知识称为"哲学的"。而《政治家》所定义的政治术就是以真正的知识为前提的,并且《理想国》也曾说过,只有哲学家才能够拥有这种知识。所以说,哲学家以及哲学其实已经在《智者》与《政治家》中被呈现出来,它们一方面完全地取代了诡辩术,另一方面还与那种有益于城邦的政治思考及活动密不可分。其次,这两篇对话进行的方式另有深意,其目的不仅仅是就两个与对话同名角色(智者与政治家)给出定义,它还有一个目的是展现辩证法。在这个意义上,对话进行探索的方式也是哲学性的:它在定义智者与政治家的研究过程中,演示了哲学是如何行进的。哲学家,属于他的专门知识以及定义这种知识的方式,才是对话真正的主题,因此,声称哲学家为对话所忽略的说法就显得异常荒谬了。

但是,我们仍然需要一份对话的概要。我们需要知道,这三个角色是如何联系在一起的,又为什么必须通过其中一个来定义另一个角色。在我看来,这是因为哲学的地位受到了威胁。可能会有人简单地辩驳道,哲学作为一种知识,一种生活的方式,理所应当地(并且以相等的程度)与诡辩术与政治术相联系——它们都是某种活动,也是某种知识。然而,如果哲学希望为某种新的知识辩护,那么它就可能会像诡辩术(在早期对话中)一样,渐渐背离自己的初衷;或者,它也可能像政治术(至少在《欧绪德谟》、《申辩》还有《理想国》前半部中)一样,重新建立这种知识甚至侵占它。因此,有充分的理由可以说,就哲学的规则(institution,取这个词语的任何意义)而言,对话这两个部分的研究都触及到本质。并且,这种研究发轫于《理想国》(该对话的目的,一方面是将哲学确立为关于"是者"的真正知识,另一方面则是将哲学与对城邦的统治相糅合),仅就这种研究的目的而言,它也是本质性的。当然,《政治家》试图确立的哲学认知基础以及政治基础,无论是在机构组织方面,还是在方法方面,都与《理想国》中的有所不同。但是,它们背后的原则与要求却是同一的:要想定义政治能力,并且掌控这种能力,必须要成为一个辨证家。

然而，要突出该对话相较于《理想国》的特点（这并不意味着我们必须考虑对话之间的年代关系），我们就要能说清楚《政治家》所针对的究竟是什么对象，是什么使得他与其他讨论政治家的对话不同——它所讨论的究竟是政治家的知识，政治家的技艺，还是城邦本身。当我们将《政治家》与《理想国》相比时，我们会发现《政治家》的显著特征就在于，它引导了一场独特的批判分析性研究，其中充满了对二分法的运用。对话在两个层面上进行，这让我们知道，政治研究与辩证是密不可分的。为了确定政治家与他的政治角色，就必须将他与他的助手（那些在他的工作上帮助他的）以及他的对手（那些想要将他取而代之的）相区分。因此，若想为这场政治研究交出一份令人满意的答卷，就必须使用必要的哲学工具。当然，哲学工具并不局限于划分法——柏拉图似乎将一个哲学家进行研究时，所能支配的方式手段全部用尽了：

1. 对故事的分析（包括哲学性的"神话"）；①
2. 划分法的使用；
3. 举例法的使用。

从这里，我们可以清楚地看见，哲学在定义 politikos（政治家）的过程中，展现了自己对对象进行定义的能力，以及对问题或公众利益给出合宜解决措施的能力。换言之，哲学不仅仅展现出自己的知识，以及自己的方法论技巧——更重要的是，它还证明了自己有能力确定什么才对人类事务、自我治理以及在城邦中对他人的治理最有益。事实上，在《理想国》中，哲学就已经背负上了这个任务。如果我们仔细阅读对话，我们会发现对于《理想国》中的许多想法，《政治家》仍满怀信心——其中还包括《理想国》最核心的想

---

① 关于这个问题，请参见 Brisson, 1998a。

法：惟有有知的政府才有能力产生德性（arete）。但是《政治家》却依循着不同的路径对这些想法进行论证，同时，它也面临着《理想国》尚未遭遇的问题与困难。《理想国》声称，只要城邦像个人的灵魂一样，使得每一个部分都能各得其所，并完成自己的功能，那么就能达到应有的卓越。在这个意义上，城邦作为一个整体（就像灵魂也浑然一体一样）达到卓越也即变得正义。对《理想国》来说这意味着，为了实现好的政体，为了城邦全体的利益，应当在整体中区分出许多不同的部分，确立一个适宜的等级制度。《政治家》也在追逐同一个目标。它的目标就是始终贯穿柏拉图思想的那个目标：即，使得城邦达到卓越——统一。但是，每篇对话中所描述的达到这个目的的方式则不尽相同，其中列举的范例的变化（从个体灵魂到编织术）也牵动着对目标之设想的变化。因此，《政治家》与《理想国》主要有下面两种区分：

1. 对德性或者品格的地位以及政治角色的修改；①
2. 对政治能力的新思路——现在它被设想为一种技艺。

现在，创造城邦统一的关键就在于一种特殊技艺——政治技艺（techne politike）的使用了。

政治的对象

事物之所以是有用的，是因为它能发挥出自己应有的用途。《克拉底鲁》②388b-390d 解释了这一点，柏拉图向我们证明，正确地使用一种工具的方式（就是苏格拉底所说的，根据"它应当的方

---

① 在本章末尾我会讨论这个问题。
② 《理想国》卷一（332c-333e，338c-347e）也有相关的分析，并且更全面细致。

式"使用它)就是,在任何技艺操作步骤中,让协调本性的两面得以可能。技师(对对象形式 eidos 真正理解的人,389b3)的认知能力表现在,他能够根据工具的性质,使它们适用于各种事物(389b3),并且给对象带来最大的利益。因此,"使用"就不仅仅囿于工具的范畴了;更重要的是,它来自那种"关于真实"的理解(对理型 eidos 的理解)①。这种理解有一个显著特点,即拥有它的人总是那些使用工具的人。那个"无论用什么木头制造梭子,都知道梭子的正确形状是否合适的人"决不会是"木匠",而是"织工,那个使用它的人"(390b1-3)。关于这个问题的讨论始于《理想国》,之后《克拉底鲁》从两个方面进一步进行阐释。对话就两种理解作出了区分:一种理解属于工匠(对挑选相宜的工具的理解),另一种则属于使用者(他们知道事物真正的利益)。② 另一方面,这也阐释了"使用","使用"可以证明,对事物的组织(或者说统治)应当以实现事物的利益为先:正如技艺的产品应服从于使用者的规则。使用物品的人(比如说,七弦琴演员)必然指导着生产物品(七弦琴制造者)的人。所以,前者一定要将恰当的理解传达给后者——这样后者才能够满足使用者的要求,生产出产品。另外,生产者特有的理解也构成了一种能力,这种能力可以发现什么工具才能最好地为它的目的服务。

总之,对话进行这种阐释的目的,是要在两种技艺之间做出区分:一种是生产技艺,它的对象是物品,它生产它们;另一种则是使用技艺,这种技艺利用生产出来的产品。再想一想七弦琴演员及七弦琴制造者的例子。二者分别以某种真实的理解为前提,并且实践着这种理解;因为生产者的技艺总是从属于使用者的技艺的,

---

① 生产者不必知道他生产的对象的理念;他只要对自己产品的对象及用途有正确的意见就足够了。

② 只有使用者可以拥有确然的知识,也就是说,只有使用者可以判断,工匠是否为他的材料赋予了合适的形式(390b)。

于是各种技艺都能按照等级顺序依次排列了。

在《欧绪德谟》中,柏拉图说各种技艺都"把自己所控制的东西"交给政治技艺,因为政治"是惟一知道如何使用这些东西的技艺"(291c7-8)。各种技艺构成了一个有序的集合,其中,技艺根据各自的功用而相互区分;因此,如果政治在其中真的占据了统治的地位,这意味着政治一定要统治所有技艺被赋予的功用。根据《欧绪德谟》的文本我们可以得到这个结论,然而,至于为什么技艺的产物要以功用为先,又是如何为功用服务的,对话并没有提及。① 因为在《理想国》中,政治尚未被定义为技艺,所以这是柏拉图第一次从技艺的角度讨论政治。仔细阅读《克拉底鲁》与《欧绪德谟》中的相关章节,我们会发现,《理想国》在定义政治能力与政治活动的过程中,并没有在"产品"与"使用"之间做出区分。原因很简单,《理想国》将政治视作一种哲学知识——它不同于工匠的产品,也不同于城邦中的其他功能与活动。② 这就是为什么在这篇对话中,权力的行使过程中明明体现出了教育性一面,也体现出了立法性的一面(它允许一部分活动,也禁止了一部分活动),却从来没有被视作一件产品。公允地说,《理想国》研究政治时仅仅是从"政治是如何被运用的"出发的:哲学王君临城邦,他要求每个公民都安分地行使好自己的功能,从而使得城邦公民都有知且有德。所以,他政治知识的真正对象就是这些公民,除了成为一名教育者,他很难以别的办法介入他们。在一定意义上,直到哲学拥有在技艺中的统治地位前,哲学王的统治都是岌岌可危的——这也是《政治家》必须要解决的一个

---

① 这些问题是就政治所使用的技艺(的产品)而提出的。政治会使用每一种技艺的每一种产品吗?还是说政治只使用那种产生出的产品专供政治使用的技艺?《政治家》赞同第一种说法。

② 从认知的角度说,公民们的意见也是这样参差不齐,只有哲学家分有了关于"是者"的知识。

困难。

《政治家》开始于一个神话,大意如下:当人类被诸神抛弃时,他们被迫自己看管自己,并且自己掌握生存技艺,这时,政治出现了(273e-275a)。对技艺的掌握是一种公共事务,正如《理想国》所说,这意味着需求间的相互满足一样——这成为了城邦组成的前提。如果哲学想要守护自己的地位,那么就必须被定义为一种技艺:哲学所擅长的对象是政治。说得更明白一点:哲学是一种技艺,而最擅长政治的人,就是被我们称为"哲学家"的人。

直到《政治家》,① 生产的技艺与使用的技艺之间的区分才开始具有特殊的政治意义。作为对《欧绪德谟》所传达的希冀的回应,使用技艺在许多方面倾覆了《理想国》中的政治学说。《政治家》是柏拉图对话中,第一篇完全将政治视为一种技艺的哲学作品。根据对话的这种观点,政治技师具备着有关对象的专门认识,他塑造着他的质料,并为了某种专门的用途使用政治技艺。

政治一旦以这种方式被定义为一种技艺,首当其冲发生改变的就是政治的任务——它的任务不再像《理想国》所规定的那样,仅仅局限在教育与立法领域,它的范围得到了可观的扩大。另外,政治作为技艺一旦得到接受,它就不再会被简单地定义为一种哲学技能,它就像是机器中的齿轮,是最根本又最重要的部件,它将城邦中所有技艺活动组合为一个整体。所以,不管是以直接还是以间接的方式,总之现在政治影响着城邦中产生的所有事物,它的影响范围扩大到了城邦每一件事情上。尽管目前我们还未开始具体研究《政治家》在政治体制方面对《理想国》的改动,② 但是有一

---

① 请参见 Cambiano,1991,页 200—204。
② 那些改变并没有人们说的那样大。从《理想国》到《法义》,柏拉图始终持有相同的理想:有知的城邦政府,与有德的公民。关于这个理想的一贯性问题,以及柏拉图所认为的最好政体的性质问题(应是贵族政治,并且其中有知的公民是最好的),请参阅 Lane,1995,页 276—291。

件事值得我们的重视,那就是,《政治家》试图确定政治的对象和功用,以便于将政治与提问的技艺(辩证术),以及其他所有技艺都区分开来。政治不仅仅拥有一个主体,它还拥有自己的对象;①政治还拥有自己的功用,它不仅仅可以使用对象,如今它自己也成为了一种技艺的产品。正如《欧绪德谟》所要求的那样,《政治家》以这种方式重新整合了产品,以及使用它们的各种方式。事实上,对话试图将政治定义为惟一一种用途与产品结合在一起的技艺(科学):政治既制造城邦,又统治城邦。

下面是该对话的概要:

257a1-258b2:开场白:讨论的对象以及对话者的选择
258b2-268d4:对政治的第一个定义
  258d-258e7:对实践科学与理论科学的划分
  258e8-259d6:统治的知识作为专门的知识
  259d7-268d4:对理论科学的划分
    262a5-263b12:划分法:种、类与部分
    266d11-267a3:错误的定义统治者的方式
    267a4-267c4:划分法的总结与结果
    267c5-268d4:划分的错误;政治家的对手们
268d5-277c8:新路径——神话
  268d5-274e3:神话
  274c4-275c8:神话传递的信息与对划分法的修正
  277a3-277c8:困难
277d1-305e1:范例

---

① 《政治家》中的研究思路造成了政治主体的"消失",对话开始于对政治家的追问(在结束了对智者的讨论之后),以将政治定义为一种技艺而告终(但是对话并没详细定义使用政治的人)。

277d1-278e3：对范例的定义
　　　278e4-283a9：以编织作为政治技艺的定义
　　　（281d7-281e6：生产技艺与辅助技艺）
　　　283a10-287b1：插曲——公正的尺度与辩证法
　　　287b1-305e1：范例的应用
　　　287b4-289c3：介绍：其中被使用的对象
　　　289c4-303d3：剔除各竞争者
　　　（291c8-303b7：政体）
　　　303d4-305e1：剔除各辅助技艺
305e2-311c8：对政治技艺的定义
　　　306a8-308b9：德性之部分的冲突
　　　308b10-311c9：政治科学之为一种综合科学

　　当异乡人用编织术作为政治术的范例时，他其实是在询问，政治的材料是什么？于是他列举出各种各样的"人们在城邦中拥有的东西"(287e1-2)。他一共列举了七类事物，它们充分地概括了城邦中可能存在的不同对象（其中包括工具、器皿、运输器、防护物、娱乐品、原材料与滋养物）。① 这样，对话就构成了一个关于对象的政治体系，在这个体系中，对话进一步完成了对产品的分类；通过这个体系，异乡人将政治家的辅助者及竞争者分别定义为关于这七类对象的某种技艺，从而将政治家与它们完全地区分开来。

　　此处"体系"一词的使用可能会令人感到些许惊讶。但是这个词语无论在方法论意义上，还是在政治意义上，都符合对话的愿景——它表达了将组成城邦的各种事物重新汇聚为一个统一的整体的意思。对话这么做，并不是因为《理想国》中的乌托邦理想受到了"现实"的桎梏，才不得不妥协于实用主义，实际上《政治家》是

---

① 287d—289c。

在试图将政治的领域扩大到城邦中所有事物上去——也即将它扩展到城邦中所有人类事务上去。从认识论的观点看来,此时政治科学的抱负要远远高于早期对话中的。因为任何活动都由自己的用途所决定,所以政治就成为了一门关于如何使用所有事物的科学。这是一种辩证性的想法,因为,如何使用事物的知识说到底就是关于理型(理念)的知识,同时这种知识中也包含着对事物的技艺及实践的理解。这就是为什么,对话必须澄清政治的性质,并且彻底将它与其他妄图取代它的技艺("竞争者")(以及将它缩小为诸如修辞学、军事实力,或公正的法庭的想法)区分开来。

那么,使用政治技艺所必须的是什么知识呢?这种知识必然与城邦整体有关:即便这种知识不能涵盖城邦中的所有事物,它也至少要了解城邦公民的用途,并知道应如何发挥他们的用途;总之,这知识应当有能力安排所有的事物,赋予它们秩序,并使它们物尽其用。所以说,政治知识不是对其他各种知识的简单总结,而是一种关于使用其他知识的认识。我们应该充分地理解,所谓统治,并不仅仅意味着管理或统计技艺的产品,于它而言更为重要的是,它要决定这些产品应如何被使用。换言之,对话展现出这样一个政治体系,并不仅仅是为了将不同类型的知识纳入体系中。政治作为一门科学,它组织和安排各种事物以及知识,只为了一个目标,即,使它们得到统一。政治技艺之所以能具有统治地位,是因为它可以限制其他所有事物(其方式完全与政治在数量上限制人口与领土的方式相同,其目的是加强城邦的一致性与执行力),并且调和城邦中各种事物之间的关系,使它们趋于统一。要想进一步完善这种说法,对话必须再为政治内部的各种关系与介质(譬如婚姻、意见与法律)建立一个类似的体系。《政治家》列举了许多对象,并对它们进行了仔细的划分,正是这些对象构成了城邦:所有事物,从工具到牲畜,都是属于城邦的一部分。公民们使用的对象构成了一个体系,这个体系又组成了城邦——每一个公民都必须行使一种技艺,这种技艺或是可以生产这些对象,或是可以使用这些对象。正是这样,每一种技艺都是必不可少的,它们满足了城邦的需求,也分别满足了个体的需求。

《理想国》中也有着如出一辙的思考——但根据《理想国》卷四开头,它所提供的是一个偏向于动物学的定义(其中,城邦被称为一个生命体[living being],或者动物[zôon])。《政治家》接过了《理想国》的讨论,但是却没有继续其中的类比:在《政治家》中,城邦是一个集合,它是各种不同的事物组合起来的整体,城邦存在的目的就是要承载这些形态各异的元素,并且让它们以一种统一的方式共存。城邦的统一,也就是这个体系始终不变的目的,它决定了政治的用途:政治是用来管理所有生命体的,所以政治是一种关于生活方式的技艺。

有了这个对城邦的新定义,柏拉图终于能够解决《理想国》中遇见的关于城邦的起源与生长的困难了。《理想国》只能够依靠外部的强制限制,来遏制城邦中不断涌现的新需求与新职业,以及城邦无限制的膨胀。事实上对此也只有两种办法:要么依靠战争——当领土不断膨胀时,这也是不可避免的;要么就依靠城邦的创建者自己,由他去谴责城邦的道德衰退,处理城邦中的骄奢淫逸。而《政治家》则依靠目的论(以城邦的统一为最终目的),解决了城邦中新职业不断涌现的问题,将城邦中的技艺限定在一定数量内。

另外,这个定义让柏拉图无须再一部分接一部分,一个条件接一个条件地,从城邦的起源方式开始探讨城邦的建立。现在,柏拉图可以将城邦当作一个创造物,打从一开始就配备好了其材料。其实早在《理想国》第四卷中就已经出现过这种情形了(从《理想国》整体看来不是这样),但是在《政治家》中,城邦的统治并不仅仅依靠于其中城邦最好的部分(有知的守卫者),同时还依靠着从属于政治家整体——也就是像异乡人所说的那样,依靠着从奴隶到智者的所有阶层。① 因为这些辅助者阶层，城邦成为了一个由各种对象及生物构成的特殊集合，其中各种对象可以相互区分，是因为它们各自的用处不同。所以，讨论城邦，就必须要讨论公民们在发挥自己功能时使用的对象。政治理论与对政治技艺的定义息息相关，后者对前者产生了巨大的影响，因为对政治技艺的定义，政治理论必须要处理与生产相关的知识，并且考虑如何使用它们。

单纯从技艺角度来看，"用途"很大程度上影响着对对象的安排，从属于对象的事物，以及对象生产的产品。然而，通过"用途"，或许可能建立出一个环环紧扣的技能等级分层；但是仅凭"用途"，却不能确定政治技艺专门的使用与产品，甚至不能确定政治技艺的对象。

政治造物主

在对话的类比中，政治的范例是编织术，所以政治也应当有某种产品——一种编织物。然而严格地说，政治并不产生任何事情——这一点已经是老调重弹了。异乡人将政治定义为一种"统治"科学，并且声称政治是"épitactique"（指示性的），它直接指导行为（292b9-10）。政治最终的目的是行为，然而它自己却不具备任何实践性的任务（305d1-2）。对此，Monique Dixsaut 曾解释说，统治科学的功用不是"让所有实践活动免于政治权威挟持"，而是通过在其提供的时机（kairos）中决定自身。② 所以说，政治家们行使的往往是一种管理其他实践性技能的理论性权力（而不是物质性的，259c 与 305d），政治家们会决定如何使用这些实践性技

---

① 289c-291c；包括店主，工人，行政官的助手，占卜师以及祭司。所以我们不能说《政治家》中"哲学王"已经不复存在了；相反，现在哲学王的职能就在于照料这一切与他有关的其他职能。

② Dixsaut, 1995.

能,在他们觉得必要的时候调动这些技能。正因如此,政治,就其极致而言,归根结底是一门关于"如何使用各种事物"的技艺。异乡人说,这就是为什么"有一门控制所有这些技艺的技艺,如果我们要称呼它的能力,最合适的就是称它政治术"(305e4-6)。"控制所有",指的是城邦整体中的一切活动,同时,它也指称城邦所使用的所有事物。政治决定着整体的使用——也就是说它决定着城邦的使用。但是,这是否意味着它在整体之中不生产任何事情呢?我们又是否应该根据它"指示性"的性质(其目的是活动,但是本身不活动),推断出它不可能是一个"造物者"或者"生产者"呢?

《政治家》在末尾处,从政治的范例——编织术出发,将政治定义为具有相反特点的两种事物的交织(308b-311c)。对话还借此论定,政治实际上产生出了某种产品。政治的这一生产功能很值得推敲。《政治家》对此进行了非常清晰的描述,下面摘录了对话中使用的主要术语,以及不同章节中政治家所表现出的功用,他所使用的材料,和他产生出的成果。

- 通常,他将完全不同的元素"放到一起",来"制造"一件产品。在此过程中,他利用这些元素各自的特性(êthê),从中生产出"具有单一能力的单一作品"。(308c-d)
- 他不是独自工作的,他"指挥着"他的诸辅助者们卖力,他使用的是辅助者们的"混合体"①。他利用教育者的身份,从而产生出一种具有"勇气与自制"的性格。(308e-309b)
- 他"结合","编绕",并"聚集"诸材料。唯有政治家才有能力,在那些受到正确教育的人之间"产生"意见。为了产生节制、明智与正义的性格,他使用这种结合方式,混合了"活力充沛的性格,与节制的性格"。(309b-e)

---

① 308e8 与 309b2 所用的词分别是 sunkrasis 和 summixis。

- 他"构想"并"实现"了人与神的结合,并借助正确的意见与婚姻等材料,实现了德性不同部分的结合。(310a-b)
- 最后,他的任务是生产出一件编织物——他利用和谐与友爱来进行织造,这件编织物涵盖着城邦所有部分,从而他生产出一个"幸福的城邦"。(311b-c)

这些描述将政治定义为一种"合成科学"(或者"结合的",308c1),它是生产性的。而政治家们运用的材料似乎是人类学的:即公民的"禀性",它们形成了两个对立的性格组。因此,《政治家》将政治活动,以及政治诸辅助者的活动,视作一个浩大的教育过程,与在《理想国》中一样,政治活动承担着遴选和教育公民们的任务。然后异乡人进一步解释说,为了促进城邦的统一,那些具有最好的禀性的人,会在测验与游戏的过程中被挑选出来,然后要根据德性对他们进行教育(308c-309b)。但是现在这种德性教育面向着全体公民,似乎它有些过于强调要将城邦中具有不同秉性的活动统一起来,从而忽视了获取知识过程中的心理学因素。① 政治家们通过向公民灌输正确的信念,通过婚姻,使得稳重而节制的性格与轻率勇敢的性格相交织——这就是政治"编织",它是以对德性的不同部分的划分为前提的。而在《理想国》中,灵魂的(以及城邦的)各种德性都天然地彼此相谐。《理想国》中共有四种德性(节制、勇气、明智与正义),其中有两种被特别地强调:一种是节制,每一个公民都拥有这种品质;另一则是正义,这种德性使各种功用在同一个体系内和谐共存。至于勇气与明智:前者是守卫者的特征,后者则只为统治者所有。于是,每一类灵魂都有相应的德性,而这

---

① 这显然不仅仅和体操有关。在此处,运动(快速的和慢速的)在此处是一条普遍的尺度,通过它,我们既可以评判思维的灵敏程度,也可以评判身体的技能。无论是对肉体还是对灵魂,运动都是公共的。请参见《卡尔米德》,160b-d。

些灵魂和谐共存的状态即是正义。《政治家》则认为有一些德性是相互冲突的——这意味着《政治家》在质疑德性间是否存在着自然平衡。详细说来,就是勇气对立于节制,冲动对立于冷静,急促对立于迟缓(306a-e)。这种对立会令人有些惊讶,因为德性与冲突应当是相互排斥的,而且这显然与《理想国》在功能群体间做出的区分有出入,更甚者,这种对立相当于承认了城邦作为一个整体,竟然同时包含着急促和缓慢两种特点。

所以,对话必须以某种方式将这些不同的特质联系起来,哪怕在这个过程中它们会彼此冲突。《政治家》这样一种进行政治研究的路径,主要带来了三个重要影响。

首先,可以说,从《政治家》一开始,分歧就在柏拉图的政治分析中产生了。在《理想国》中,德性的和谐与纷争之间还存在着清晰的对立,然而《政治家》却认为,城邦不但有能力容忍自己各个组成元素之间一定程度上的冲突,甚至还有可能从中获益。故而,这篇对话不但没有规避冲突,反而还替它腾出了一席之地,将它融合进了政治创造:锻造一个城邦,意味着要完全地掌握混杂的材料,这些材料各不相同,有时候甚至是相互对立的,但政治家必须在它们之间创造出和谐。《政治家》从这个观点出发,试图解释雅典政治生活中两个利益集团的冲突(寡头派与民主派)。柏拉图已经不满足于仅仅让雅典的"各党派"卷铺盖走人了,现在他认为唯有让它们完全消失(通过交错与融合的方式),城邦才有未来。于是,即使没有现成的"冲突材料",城邦也可能被创造出来:可以对现存的城邦进行重组;只要通过对话所说的方式,将对立的性质联姻,那么它们就可以产生和谐的性质,这些城邦也可以作为一块好编织物的材料。

其次,为了促进这种相互联系,政治必须调和各种不同的活动,使它们彼此相协调。如果想将敌对的两种性质联结在一起,首先应将它们带到一起,并对它们进行教育。所以,政治仍承担着它的教育使命,但是现在,它的这种使命已经开始与城邦机构的活动,以及技艺活动相关联了,这在很大程度上扩大了公民教育的范围。首先,政治掌管对全体公民的教育——但这是教育的第一步。政治会对受过教育的公民保持观察,然后在他们当中进行筛选(那些坏得无可救药的人会被放逐;情况稍好一点的坏人则被贬为奴隶)。留下的人可以接受进一步的教育,这一次,教育的目的是让他们树立正确的意见与态度,然后使他们共同过上一种有德性的生活。最初的教育是为了让公民们展露出各自的性格;之后的教育则主要是向他们灌输"关于荣誉、正义、善好以及它们对立面的真实而确然的意见"(309c5-6),通过这样的方式,公民们全部服从于法律,他们的性格可以融合为一股力量,共同交织成一副编织品。

第三,教育实际上包括了两个阶段。第一阶段的教育处在政治家的指导下,由教师进行引导;第二阶段的教育则由法律引导。法律的任务就是要通过正确的意见(或态度)构筑一条"神圣的"纽带,将不同的性质编织在一起。因此《政治家》赋予法律一项它特有的领导功能。更准确地说,法律首先应是一条边界,它限制具有对立性质的两方,使它们谁也不过分地远离它们的混合状态。法律将统一的形式赋予给它的材料(为了使繁多的材料达成统一,法律会在它们身上施加限制),从而防止"过度",这是单凭公民教育无法达成的任务。因此,教育公民,与依靠法律将公民统一在一起,二者之间存在着某种数学计量思维的转变,这是一个从等差级数与平等(每一个公民都经过教育),到等比级数与限制的转变(根据禀性与能力的不同,每个人被安排在不同位置上)。[①] 于是,法律在公民中间就发挥着理智的作用。它要了解人类的禀性,并且根据他们最大的利益去指导他们。这种认为法律具备思想的观点

---

① 为了理解这两种等式的区别,请参见《高尔吉亚》,507a-c;《法义》,卷六,757b-c。这个区分很好地表现了数学在柏拉图思想(包括政治思想和其他思想)中的地位。在他看来,真实的理性具有数学的性质。举个例子,纯粹地从政治角度来说,要保证"多"的统一,数学是唯一一种途径。

值得进一步的解释。

柏拉图眼中,法律不是一种秩序,不是对政府决定的传达,也不是君权的彰显。于他而言,法律的功用不是表达性的,而是补充性和模仿性的:惟有在城邦的有知统治者没有完成自己的任务的时候,法律才会在城邦中占据首要地位。在且仅在这种情况下,法律才必须不进行任何妥协,排除一切例外地发挥它的领导作用。雅典人认可法制,是因为他们认为法律体现了议会的地位;柏拉图并不苟同这种看法,他认为法治不过是模仿完美情况而产生的次好的政体(因为它不够具体)。而在这篇对话中,柏拉图虽然转向法律,并且规定公民不得抵触城邦法律,但并不意味着柏拉图放弃了对有知统治者的希望。反之,《政治家》进一步加强了"知识"的重要性,对话表现出,即使不存在"政治家",通过模仿,政治的卓越仍然是有可能存在的。即使发挥有知统治功用的最好方式落空了,但有知统治仍可能通过别的方式实现(尽管不依据绝对的知识[lessknowledgeably],也没有那么好)。Christopher Gill 曾十分清晰地解释过这一点:

> 因为,以这种方式制定的法律并不建立在知识上,因此,作为一种"拷贝",这种法律必然与有知统治者会做出的决定有出入。但是,法律是一系列努力之后的产物,它的目的,是在有限的条件下,尽可能实现仅当有知统治者才能完全实现的目标。①

异乡人向小苏格拉底说明,只有在没有有知统治者的时候,法律才重要且必要。一旦有知统治者存在于城邦中,他就会像运用其他所有工具一样来使用法律,只会把它当作为维持城邦秩序的备用手段。这类例子十分稀少,其中一个就是在《理想国》中,有禁止卫国者拥有财产的法律。与教育、神话故事、祭祀以及摒弃私有

---

① Gill,1995,页 296。

财产一样，这类法律仅仅是统治活动的一种手段。《政治家》讨论的是不完美的政治体制，这种政治体制并不具备实现完美城邦的必要条件：有知统治。所以，当有知统治缺位时，只能诉诸"统治的功用"——也即立法——这也无疑是最有效果的（294a）。立法之所以有效果，是因为它可以让各种特性都理解同一件事情（即法律本身——这个括号里的内容是我加的），从而使它们相互协调。而且，神话只能在关于起源与习俗的事情上发挥一定程度上的劝诫作用；而法律则能够使得所有公民信服，指挥他们的行为，并且让他们都根据城邦的需要，发挥自己真正的功用。法律之所以能够顺利地行使这种补充性的权力，是因为它足够普遍，并且始终如一。或许有人会想，假如真的没有"有知之人"，那么存在一个政治家的辅助者也够了；如果没有哲学家，政治或许还可以被托付给法官、上将、教育者或公共演说家。

然而，柏拉图之所以坚持在没有合适的统治者时，应由法律来进行统治，为的就是避免上文提到的这些临时替代者。他认为统治功能意味着，在任何场合都知道做什么可以促进城邦的统一。政治家的任何辅助者都不具备这样的能力，惟有法律尚且有近似的能力。之所以这么说，首先是因为法律的立足点始终是城邦整体。哪怕当它在裁决某个特例，或者制作某条时效法的时候，它也立足于城邦整体——城邦整体既是它的出发点，也是它的受众（294c）。① 另一方面，法律之所以被赋予了充足的权力，是因为法律具有恒常性，任何人类个体都不可能做到这一点。也是出于这个原因，异乡人才会与雅典民主制的观念相左——他不同意根据议会投票来立法（298e），而是论证说，除非出现了一位有知统治者，他使用自己的智慧，证明城邦中有些法律是无用的，否则城邦

---

① 和在《理想国》的情况中不一样（卷三，414b-415c），城邦的统一不再依靠于用一个故事（谎言）来说服公民，现在城邦的统一成为了法律的对象，它是真实的。

的法律应该永不改变。将权力交予法律的做法的确是次好的,但是这种次好却一致于城邦的性质。即使法律没有能力针对每一个公民、针对每一种特殊的情况,但是它却可以借助自己的普遍性规则,面对繁复的人类事物,保持自己的一贯性。与其拥有一个能力不足的统治者,毋宁接受一套糟糕的法律的统治。

  法律统治之所以可以被当作次好的选择——是因为它有能力模仿(但仅仅是模仿)政治工作中最基本的一个方面:也即,可以让不同的,甚至敌对的元素服从于同一种秩序。从《政治家》开始,争斗不再被忽视或否认,而是开始融合进政治创造中,渐渐成为其中一个有机部分。通过《政治家》,我们发现,"政治具有生产性的特性"这一说法不用再依赖于与其他技艺的对比;"政治具有生产性特性",这也不仅仅是象征的说法。政治的确是能够生产的,它根植在各种形式的联结以及公民们所持有的正确态度之中:而这些都是政治家的创造物。最后,柏拉图还是将某种行动分配给政治,这几乎使他自相矛盾,因为一开始他说政治不做任何事(311b8)。但是,在对话末尾提及"政治行动"时,它只具有次要的意义,因为这种行动的内容只是命令其他的行动而已:政治术之所以被称为"统治技艺",是因为它的行动就是指挥其他的技艺,它的影响在于产生出城邦的织物。因此,对话的最后章节在政治行动(是不存在的,或者说是间接的)与政治产品(或创造物)之间做出了清晰的区分,后者是包含着现实的。我们应从中获取的信息是,即使政治家并不为一个匠人所为,也并不是匠人(259c,王者是理论家,他因自己灵魂的强大而掌握权力),但是他仍有与匠人相同的地方——他也生产物品。这件物品就是城邦的团结——以最好的方式,实现城邦所有部分的统一。①

---

  ① 《蒂迈欧》中的造物主在赋予秩序和统一时,也具有这样的特点。请对《蒂迈欧》进行整体的阅读,并仔细阅读 30c-33c。

法律与生活的方式

上文已经说过，政治可以被定义为关于生活方式的一种技艺。这种定义是从《政治家》与《法义》中传达出来的柏拉图对法律的观点中引申出来的。现在，让我们来看看，这个观点在解释了政治是如何运转的同时，又如何讲清政治技艺所作用的材料。

在《法义》第七、八卷开头，讨论教育的长文段中（788a1-842a10），老雅典人与他的对话者们正在讨论教育立法的整体原则。他们首先关心的问题大致如下：立法者应多大程度地关注教育？或者详细说来，对于孩子，直到多少岁之前，应该有明文来规定成年人对待他们的行为？雅典人的回答非常经典：早在婴儿还在母体中的时候，就应该立法规定母亲的行为——母亲必须注意体育锻炼，而孩子出生之后则要托付给身体强健的保姆，让她多活动孩子的肢体。对孕期的立法之所以必要，是因为母亲孕期的行为与活动会对日后孩子的性格与发展造成至关重要的影响，也就是说，孩子日后的教育与天资（也有可能缺乏天资）也会像现在这样，为了实现卓越而进行——法律的整体功用就是提升公民整体。对这位老人而言，这的确是个棘手的难题，而且它还引发了一系列难题：对于一些看起来微不足道的、形成习惯的小事，立法者应如何进行教育？对于那些出于习惯，现在又成为性格（êthos）①的行

---

① 希腊语中 êthos 与习俗或习俗、惯例是不同的，êthos 指的是个别或一系列特征，指某人的习惯；而它变成复数之后，就是成为了习俗，也即是 êthê。这两个词语常常联系在一起，有时甚至被当作同义词使用。如果一定要强调二者的差别的话，那么就是 êthos 指的是某种已经得到的特征（甚至是"天性"或"人格"），而习俗则倾向于指某种重复性的或习惯性的行为。因此，实际上我们可以用其中一个词语来阐释另一个；柏拉图在《法义》(卷十二，968d2-3)中就是这么做的，他提到一个人可能说他拥有的美德技艺同时来自于他的人格和他的习惯。总之，希腊语中这两个词语的关系是非常紧密的；例子可以参见，亚里士多德《尼各马可伦理学》，卷二，1(1103a14-18)。

为,立法者又该怎么做？这个疑问展现出了立法者任务中的三重困难：其一是法律的范围；其二是法律的材料；其三是法律与以其他形式、统治着公众生活的规则或规范的关系。在解释《法义》与《政治家》是如何解决这些困难的之前,我们需要先试着讲清楚这三重困难的本质。

第一个困难是,应该如何决定法律的范围以及它的细节。其中实际上包含了两个问题：法律应该规定到什么范围为止,以及,它应该精确到什么程度？① 这两个问题代表了法律"极限"的两个侧面（范围与精确度）。这个问题并不是第一次被提出,在《理想国》与《政治家》中这个问题都曾出现过。而这一回,我们需要强调的——就像柏拉图在《法义》中多次声明的一样——这一部法应该囊括所有事情②。我们要像柏拉图一样再三强调,这一部法律必须穷尽所有人类实践,一样也不能落下。要求涵盖所有活动,这必然引发一些问题。打从一开始,柏拉图就将所有被默认的,或者逾越于法律规定的活动排除出去。城邦不可能容忍任何回避法律的"私人"生活的存在。相反,没有被法律规定的事情,就是被禁止的事情。③ 正因如此,卷十也重申了,哪怕忽略任何不重要的事情,任何微小的活动,都会荒谬可笑。雅典客人也利用了一个隐喻,以相似的方式宣称,就像建筑师不能够只依靠大石头或者小石头进行建筑一样,立法者一定也不会认为小事情就不重要（902d-903b）。

第二个困难则与立法者所使用的材料有关,即他究竟应如何

---

① 这也就是说我们首要要确定,是否公共生活的每一个方面,每一项活动以及每一种财产都应该成为法律的对象；然后,当已经确定某一事物是法律的对象时,我们要确定,法律究竟应该面面俱到地规定它的所有的细节,还是只规定它的一些细节。

② 卷十二,820e：法律一定是"没有任何漏洞的"（diakena）。可以参见 Bertrand,1999,页 305,他在最近的研究中着重强调了这个问题。

③ 亚里士多德也有相似的说法（根据这种说法,自杀没有被法律规定,所以自杀是被禁止的）,《尼各马可伦理学》,卷五,15,1138a7（Bertrand 1999,页 305,注 263 曾引用过这一段）。

取舍这些材料。即便马格奈西亚的殖民者们已经被设想为是受过教育的,但雅典人依然没有放弃,利用一切往昔的与现存的体制,来帮助他们建立自己的法律。问题在于,所有现存的规范与法规中,有哪些能被证明对法律有用。简而言之,就是要决定,如果生活方式、生活习惯甚至"未成文法"都确实存在的话,法律能在什么范围利用它们。

最后一个困难实际上是从第二个困难中产生的,它关注的问题是,应该以什么方式协调这些不同的习俗惯例。生活方式(an êthos)究竟有什么特点? 在什么情况中,一种生活方式可以得到法律的力量? 这种情况真的可能发生吗? 或者,换句话说,确立了法律之后,习俗应当何去何从?

《法义》卷七的开头,逐一解决了这些困难:首先,不会有任何存在于法律之外的人类实践或者生活方式,法律不会有保持沉默的时候。其次,只有通过法律,习俗才可能是正当的,也就是说,只有法律可以让某些习俗拥有强制性。最后,涉及到生活方式的时候,只有法律是"有规定效用的"。

关于最后一点,文本已经说得再清楚不过了。在 793d-e 中,雅典人认为有关幼童教育的法律应假借保姆之手,但是,绝不能只是粗略地践行这种教育,它应该得到完全严格地(akribôs)践行。他牢牢地将保姆与教师的实践活动与法律条文联结在一起,并且很好地说明了,与对习俗或不严格的实践方式相反,对成文法的实践则应一丝不苟。随着对前一种困难的阐释,在 793a-d,柏拉图划分出了几类不同的法规。此处文本中使用的术语尤为重要。文本提及了 agrapha nomina(不成文法),patrioi nomoi(祖传法),patria(家规),arkhaia nomina(古法),以及更一般的 ethê 以及 epitêdeumata(即职业、习惯做法、行事方式),[①] 还有 ethismata(习

---

① Bertrand,1999,pp. 60—61.

俗，习惯）——所有这些都是希腊人对规则或公共准则可能的称呼。

大量的词汇看起来支持了柏拉图所持有的一个重要论点：任何习惯，任何习俗——无论人们怎么称呼它们——它们都不可能取代法律的地位。他使得"在严格意义上，什么能算作法律，什么又不算法律"这一问题变得非常明朗。而且，文本中有着大量反对"不成文法"的言辞，这已足够清晰地表明，在柏拉图看来，法律必须成文。这并不令人意外：毕竟柏拉图只研究法律所真正代表的东西。在《政治家》中他已然是这样的态度了，他在其中表明立法式（legislative）与管理式（governmental）之别的关键点并不在于法律的成文与否，而仅在于法律的存在与否。只要法律存在，那么它必然是成文法（grammata）（《政治家》，293a7）；而其他的——包括所有的习俗与惯例，本身并不具有任何法律特性。《政治家》已经表明，如果统治者需要诉诸于法律，那么他要么就诉诸于一丝不苟的成文法，要么就只能忍受法律的缺失（292a1-2）。这样的区分看起来似乎顺理成章，它清楚地表明了，除非书写成文，否则一律不是法律。事实上《法义》一开头就提出了这个问题——ēthe 与 nomoi，习俗与法律，不具法律特性的惯例与法律，分别拥有怎样的地位？

《政治家》中，柏拉图试图从林林总总的人中区分出政治家，换言之，他试图将真正有知的政治家从政治家的辅助者甚至敌对者中区分出来。因为这些辅助者与敌对者与政治家或有相似，所以问题就转化为探讨相似与仿造（或者模仿）的性质。关于这个问题的反思实则贯穿了整篇对话，然而在一段关于法律之地位的讨论中，这种反思发挥到了极致，并且得到了政治意义上的结论。也是在这段讨论中，《政治家》提及了另一个问题，有知的统治者既是城邦卓越的条件亦是原因，然而当城邦不具有这样的统治者时，是否应当立法。从文本中得出的答案表明，柏拉图认为在这种情况下

应当立法,并且法律一经成文后不应被更改。下面是他给出的论证:

> 访客:是的,法律建立在许多实验的基础上,每一则法律都有专门的提议者,他们以吸引人的方式提出意见,并且说服大部分人通过了这些法律。那么我想,如果有人胆敢违逆这些法律,那么比起违抗那些僵硬的法律,他会被认定犯下了更大的过错①,也更严重地颠覆了有序的活动。
> 小苏格拉底:是的,他当然会这样。
> 访客:正因为这样,对那些制定编写所有法律的人来说,次好的办法就是,不允许任何个人或团体有任何违反这些法律的行为。
> 小苏格拉底:正是如此。
> 访客:那么,法律就是对各种真理的模仿,这些模仿要依据那些对此有知的人的指示。
> 小苏格拉底:当然如此。②
> (注意,这段译文用"访客"指称我口中的"异乡人"。)

这段十分重要的文字被翻译了许多次,但是其真实意味究竟如何,芸芸译本仍不能达成共识。③ 我的理解是,异乡人的三段论述中的最后一段,是对第二段论述的进一步澄清与解释。也就是说,第三段评论是在进一步地阐释什么是好的法律。因为在我看来,柏拉图的论述仅仅声明了法律的必要性(在没有有知的统治者的情况下),但并不是随意声明的:法律无疑是对有知的政体的模

---

① 第一个"错误",是为了保证法律永远不被改变,保证不能有任何超出法律限定的行为发生(299b-e)。
② 《政治家》,300b1-c6。
③ Rowe,1995b,对这一段给出了不同的译本;参考页 16—17 和 230—231。

仿,但更重要的是,制定法律同时也必须将每个领域特有的知识纳入考虑。柏拉图认为,制定某则法律时,必须遵照在那一领域具备知识或能力的人指示。如果任何具备相应能力的专家或者说"技师"确实存在,那么就应该由他们来向立法者提出建议(而非像民主派的信念与所作所为那样,随意地让市民提建议)。当异乡人将法律形容为"模仿"时,他的那几段论述实际上是在定义立法工作的性质。立法者不是谁人都可以胜任的(譬如民主议会);他必须是一个有知的人,并且即便他并不完全知何为卓越的统治者,他至少也应拥有某一种专门的知识或能力。

柏拉图坚持这样一种观点:有知的专家是一次良好模仿的必要条件,也是区分法制好坏的关键所在。所以,异乡人的第二段论述阐明了立法工作的性质,也讲清楚了应由何人充当议员(sumbouloi),即现有城邦中杰出的技师们。① 有两种进行模仿的途径。② 一种方式并不可取:无知的统治者们使自己表现得像有知的政治家,所以法律没有得到尊重。另一种则是好的模仿途径:立法工作掌握在一批有知的、拥有技艺或能力的人手中(见300e1, entekhnoi)。在第二种情况中,立法工作甚至都未必是模仿,"而是我们正在谈论的真正的技艺了"(300e1-2)。从此处,我们可以再次确认区分良好模仿(趋同于活动本身)与不良模仿的关键即在于,是否存在某位技艺拥有者。在柏拉图看来,这也正是现有政治体制中的公民所缺乏的,所以这些政体的外观(eoike politeias)就是至关重要的了,"如果他们想要对真正的政制——统治者依靠真

---

① 就在刚刚引述的文段之后,300c7,对话将真正的政治家描述为,有知的人(ton eidota)。这看起来似乎证明了我的译本是错误的,因为在我的译本中,这种知识是属于次好政制的立法者的。但是后面的文段完全可以消除这种模糊,并且它也可以证明,无论是第二好的政制,还是最好的最正确的那种政制,都是由知识领导的(虽然知识的形式不一样)。

② 普遍说来只有这两种方式,但是它们可以被细分成许多种,请参阅Gill,1995,注116。

正的技艺施行统治——进行一次尽可能好的模仿……他们就绝不能违反那些成文的法规或已有的习俗"(300e11-301a3)。因此,前面的文本正是在形容法律对有知统治的良好模仿,所谓的"有知之人"就是 300b2 中提到的"议员们",也就是立法者们本身①。

在《政治家》中,主要的政治问题来自于,并非所有的市民都具备知识,而且他们可能也不会承认有知之人的权威,柏拉图在司法上为此提出了一种解决措施(唯有在拥有"正确"政体的卓越城邦中才可能推行这些措施)。柏拉图相信,能够产生正确意见的法律,就是统治者澄清"何者为正义"的手段(或者至少是保证正义受到尊重的手段)。正是以这种方式,通过让有知之人去立法,其余的市民受到统治,才使得一个政体可能在内部区分出有知之人和无知之人。这也是《法义》的大致框架。②《法义》是柏拉图的最后一篇对话,它依旧沿袭着先前对话的思路,它所探讨的问题早就被提出了,即现存的习俗如何与法律相关联。毫无疑问,其中的哲学问题与政治问题一如既往:既然说立法是一种模仿,那么它的材料是什么,根据最好的模型它又究竟应被塑造成什么模样?

根据上文中对《法义》的引文,问题即在于:对于现存的习俗、法律应该做什么,又能够做什么呢?习俗能被变为法律吗?习俗是法律的源头吗?对于最后一个问题,柏拉图无论是在《法义》还是《政治家》中,都给出了相同的坚定的回答,他并不同意那些对 ethos 冠以"法律之产生者"、"法律之源头"的想法。正如 J.-M. Bertrand 所言:

> 无论怎样,法律都是由立法者建立的,而一种习俗无论如

---

① 应当回过头看看 259a,对话的一开头,就明确地将议员(sumboulos)定义为技艺者(tekhnikēs)。

② Lisi 处理了这个问题,2000,页 61。

何也不会比某一被制定的规则更具有力量上的优先性。[从这个观点出发],柏拉图的观点与认为习俗次于法律的观点并不抵触。不去谈习俗对法律所谓的"优先性",事实上,不管习俗在其他地方发挥着多么强大的影响力,在最早的社会里,正是因为法律,习俗才会被表现为法律的源头。

《政治家》与《法义》中所有相关的讨论都支持者 J.-M Bertrand 的观点。尤其是《法义》的 793,这段论述与《政治家》的 298d-e 不谋而合,认为关于航海的法规要么就是被立为成文法,要么就是仅像祖传的习俗一样被奉行(agrapha patria,298e2)。① 《法义》在 793 又一次颠覆关了于习俗的传统观点,并解释清楚了绝不能将习俗视为法律义务,相反,习俗才应源自法律。但是另一方面,正如 J.-M Bertrand 所指出的,文本也并没有否认习俗可能被当作法律的源头之一,或者法律材料的某个部分。

关于法律,柏拉图还提出了另一个问题,对于那些处于 ethos 的种范畴之下,影响着人类行为举止的习俗的惯例,法律究竟应与之建立一种怎样的关系呢?这一范畴被柏拉图选来连接 nomina 与其他的 patrioi nomoi,注意二者的区别,这二者在任何情况下都不应被混淆:一个是习俗的所有可能的种类,另一个则是 nomos。

随着《法义》的轮廓越来越清晰,柏拉图也逐渐地为立法工作提出对象,读者的思绪可能也愈发明晰,然而此时困难出现了——困难就在于法律与生活方式之间的关系。回头看卷七开篇处,那段关于怀孕的理论已经无比清晰地暗示了这个问题:法律必须穷尽一切问题,这样就没有任何习俗可以挑战法律的无上地位了,很

---

① 如果我们记得,曾有过一种主张返回古代政体的政治倾向,那么我们可以推测,"有可能从古代的法律'生产出'法律"这种说法多少是带有批判意味的。柏拉图应该是在针对梭伦政制的拥护者和"古代的"法律,严格地说来,他们的法律根本不是法律。

简单，对于个体而言，童年是他性格（ethos）形成的第一个时期。文本的语气很强烈："因为这个时期，在习惯的力量下，我们的所有人格都已经在我们之中播下了种子。"对这个命题已经没什么好说的了。这与《理想国》卷二中曾说过的话几乎完全一样："你知道吗，对任何事物来说，开头都是最重要的事情，更不用说那些年幼又柔弱的造物了。在这个时期，他们最容易被塑造，其他人想要如何塑造他们，都会在他们那里留下印象（enduetai tupos）。"（377a12-b3）

在《法义》中，柏拉图交给法律的任务就是要在性格形成的过程中发挥教育功能，而在《理想国》中，这一任务则被更宽泛地交给了政治。这种以如此方式发挥作用的技艺非常特殊，政治是它突出的特点之一，并且显然它并不仅仅与儿童有关。如果可以将政治形容为一种技艺，那么在柏拉图的观点下，至少还意味着两件事情：首先，政治应和其他技艺一样，这暗示着应存在某种知识，某种关于技艺所照料对象的专门知识（以及关于何者适合于该对象的知识）；这也是为什么，无论谁来当统治者，他都必须清楚"政治事物"①的一切对象——其中包括公民、公民行为的规范，以及城邦机构。另外，作为一名技师，统治者必须产生他的对象，或者使用他的对象（因为，技艺的用途就是生产，或者使用对象）。

在《理想国》中，政治家们锤炼、组织或塑造的对象主要是习俗（êthê）。② 当苏格拉底在卷四中谈论哲人的统治任务时，他将这个任务总结为，哲人将他们在高处所看见的一切，全部带到城邦中，并将它们转变为公共或私密的习俗，善的模型启发着哲人的政

---

① Ta politika：关于这个表达与它的内容我曾经做过详细的论述，Pradeau, 1997a，页110—49。

② 关于这个问题，请参阅 Lisi, 2000，页71以下，他检验了《蒂迈欧》中法律行为的心理学条件。总之，我们应该将政治看成一种造物主的技艺，它制作习俗。习俗有着心理学的性质。

治活动:

"阿德曼图斯啊,可以肯定,一个全部心神都交付予永恒的真实事物的人,是无暇低头注视琐碎人事的,也不会带着嫉妒与仇恨去与人争吵;而是将注意力放在永恒的、不变的事物上,他看到这些事物自己不会出错,也不会被彼此弄得出错,按照理性的要求处在和谐之中,于是他会努力模仿它们,并且使自己尽可能像它们。或者说,你认为一个人可能不去模仿自己所欣赏的事物吗?""不可能的",他说。"因此,那与神圣的秩序有所交集的爱智者,在人类所能及的范围内,自己也会变得有秩序和神圣。但是中伤毁谤仍然无处不在。""是的,的确如此。""那么,"我说,"如果某种力量降临在他身上迫使他把所见的景象施加到国家和个人两个方面的人性上面去,不仅仅塑造他自己,也塑造他们,那么你认为,他会表现出自己是塑造节制、正义以及一切公民德性的一个蹩脚的工匠吗?""绝对不会,"他说。"但是,假如大众知道了我们关于哲学家所说的话都是真的,他们还会粗暴地对待哲学家,并且不相信我们所说的话:无论哪一个城邦,除非它的轮廓是按照使用天堂的模型的艺术家所描画的,否则它就不可能幸福?""如果他们知道这一点的话,就不再会粗暴地对待哲学家了,"他说,"但是,请告诉我有什么办法可以描画出你思想中的东西呢?""他们会拿起城邦与人性,就好像拿起了一块画板,第一件事情就是将它擦干净——这可不是容易事。但是无论如何你要知道,这正是他们与其他普通的改革者不同的地方。在他们得到一个干净的对象或自己动手将它弄干净之前,他们不会动手描画个人或城邦,也不会着手立法。""他们可能是对的,"他说。"在这之后,你难道不认为他们就应该开始描画政治制度的草图了吗?""当然如此。""再之后,我想,他们在工作的过程中会时不时地向两个地方张望,一个方向是正义、美、节制等等,另一个方向则是他们在人类中重新生产出来的,用各种方式加上人的肤色,使它像人,再根据荷马也称认为像神的那种特性,当它也出现在人类时,做出判断。""对,"他说。"之后,他们可能还要再擦擦画画,直到尽可能地将人性画成神喜欢的样子。""这画无论如何都该是最好的画了。"(《理想国》,卷五,500b8-501c3)

柏拉图在《理想国》中认为,城邦和个人一样也具有性格(êthê),并且个人的性格决定着集体的性格。因此,"政治体制的设计者"(501c5-6)会利用一个神圣而有序的范例去"在神圣的图景中"产生人性(anthrôpeia êthê)。政治的任务就是塑造性格,就是从童年开始,就不断地对公民的性格进行锤炼,所以到《法义》,这项ethopoietic(改变性格)的职能会特别落在立法上面。①

上文多次引述的《法义》文本中,792e2处有一段重要的论述:"在这个年纪、习惯、以及全部的性格都最容易受到影响地播下了种子(emphueai...to pan êthos dia ethos)"。在这里,柏拉图的确利用"性格"与"习俗"二词的相似玩了文字游戏,但是更重要的是,他还为政治技艺(tekhne politike)描绘了一种或许会被我们称为"基因论"的理论框架:法律之后的任务,就是锤炼人性与习俗,使其存在。

政治(通过立法)必须为习俗生产出一个可被接受的定义。正如792e的论述所表明的,这已经将习俗预想为了某种中介的角色。法律想要锤炼习俗,不可能一蹴而就。柏拉图解释说,他的提

---

① 这是《法义》中最清楚的表述之一,即将政治技艺定义为立法的技艺。而在《理想国》中,政治的功能则是塑造"习俗"。《法义》清楚地表明了立法是一种非常合适的塑造习俗的手段,是它合宜的工具。

议究竟能不能成功,还要看法律是否能够成功地转变为习俗。这样的条件多少都会有些令人怯步,而且,这个条件本身也表明,法律必须要掌管一切形式的人类活动。除非法律能够在生活的每一个领域都变为习俗,否则法律就不能发挥它的作用。

《政治家》的主要旨趣除了它对政治技艺的定义,就是它定义政治的方式了,它用的是一种真正与城邦本性一致的方式(308d1),也就是说,一种满足城邦本性的政治。通过技艺范式,城邦获得了感性物的性质。它是城邦公民会使用的所有对象的总和。《理想国》与《欧绪德谟》中,政治的功能就是教育公民。在这两篇对话中,城邦的组织与政府的组织要么是被忽略了(在《欧绪德谟》中),要么这种组织工作就仅仅被局限在法律方面(在《理想国》中)。而《政治家》却没有重蹈覆辙,它成功地将政治活动的两个方面统一在一种技艺之中,这种技艺的目的就是构造一个城邦。这篇对话将城邦当作一种特殊的事物,将政治视为塑造与照料城邦的工匠神的活动,①在这样的基础上,柏拉图之后的对话才能够将主题落在环绕在政治问题之外的宇宙与物理研究上。这即是后期对话的重要性所在——它们以宇宙的模型来设想政治。在它们的表述中,政治一方面是对宇宙的模仿,一方面政治与宇宙屈从在同样的条件与因果之下,遵守着同样的秩序,所以它遵循着宇宙秩序来替城邦设立秩序。下一章对《蒂迈欧》的讨论就是关于这个问题的详细阐述。

---

① demiourgos(工匠神)是一个工匠,我们将会看见,柏拉图用这个词指代制作宇宙的神。

第四章　城邦生命:《蒂迈欧》与《克里提阿》

城邦的宇宙

城邦是一个物理对象,它由多种多样的元素组成,一种领导技艺将这些元素联系在一起——这种技艺就是政治。行使领导技艺的人,必须将这些繁多、不稳定而又有朽的元素统一在同一个产品之内。他们竭力安排,既要让城邦作为一个统一体而生存,同时还要在保证统一的前提下,让城邦内的公民们过上共同的生活。那么,怎样才能妥善地进行安排呢?柏拉图在许许多多的对话中,都无一例外地给出了一个完美秩序的范例,这个完美的范例既适用于眼睛,也适用于思想:天穹。天穹是天体和谐的集合,天体的不朽来自自身的完美(天体都是球形的,所以在每一个点都相同)。代际交替、变迁与衰弱无一能撼动天穹:星体亘古不变。虽然我们没有能分享到和他们一样的性质,但所幸这些神是可见的,我们可以以他们为模型,来提高自己。无论从心理的角度,还是从生理的角度,对于人类而言,最大的利益都在于人的各个部分能够处在平衡之中,各自遵照秩序,有规律地进行运动。如果我们愿意接受神明的启发,也许就能够实现身体的或思想的平衡状态(这种状态可能要求着平复欲望,或者让理智作我们的统治者)。对话将宇宙,或者说世界,①设想为一种物理秩序及结构(kosmos)。《政治家》在它的开宗神话中就提到过,虽然周期性的宇宙革命使得大地上绝大多数生灵都消失了,但是宇宙本身却绝不会毁灭:神在看管着宇宙。有形体的对象处在某种秩序中,它们模仿这种秩序,并在模仿的过程中找到平衡,得知属于自己的完美是什么。城邦也是如此:在《政治家》以前,《理想国》就已经将天空作为城邦的模型(《理想国》,500b-501b)。到《蒂迈欧》与《克里提阿》中,这个关于城邦与宇宙的类比(即前者模仿后者)才渐渐趋于完满——也就是说,直到此时,柏拉图理论才开始对之前的宇宙论研究进行说明,因为正是从这个时候开始,柏拉图理论才开始研究宇宙的性质,才给出一个普遍的宇宙论和"物理学"。

《蒂迈欧》花费大量的篇幅来陈述宇宙论,它解释了宇宙是如何被创造出来的:一个工匠神(造物主)以理念为基础,制作出了宇宙身体与宇宙灵魂,所有的生灵随即都包含在它们之中。宇宙是有生命的,是一生命体,是所有有形体之物中最为完美的那一个。囊括在宇宙之内的生灵则应该借助宇宙秩序,并将宇宙生命作为模型,这样它们自己也可以越来越接近完美。《蒂迈欧》中的宇宙论和"物理学(自然学)"与一种古老的传统②有着相似的框架,但这篇对话却给出了自己的独特解释。这是有史以来第一次,宇宙的产生过程中加入了造物主的角色,也是有史以来第一次出现以工匠为原型的神。柏拉图自己也将这段描述称为虚构——工匠神

---

① 古希腊语中的 kosmos 本义是秩序,它也有"宇宙"的意思,因为"宇宙"是有秩序的。译注:关于 kosmos 的中译问题参看刘未沫,《古希腊宇宙概念的翻译问题》,《中国社会科学报》,2015 年 2 月 16 日,06 版。

② 大部分前苏格拉底哲学家或自然哲学家,都撰写过以《论自然》为题的文章,它们的主旨是要给宇宙的起源和构成提供一个解释。《蒂迈欧》也隶属于这种传统文体。关于这个问题,请参考 Naddaf,1992。

并不存在,柏拉图只是试图通过这种方式去解释神圣事物为什么会以这种方式发展;然而这段虚构却合情合理,它对自然事物给出了一种令人信服的描述。柏拉图虚构了一位神,他注视着理念,然后以这些理念为模型,为那些不稳定的、顽固的质料注入形式——这就可以解释为什么宇宙中既有有序的现象,也有不稳定的现象,也同样可以让我们理解为什么我们自己同时拥有有序与不稳定两种特质。这种关于宇宙本质的研究实际上早已埋下了伏笔;《斐德若》对《理想国》心理学的改写就是在为此作准备(《斐德若》展现出宇宙是有灵魂的,而且已经活了很久很久)。① 因为这种对宇宙本质的探索,对话描述城邦生活模式的方式发生了改变。在《政治家》与《蒂迈欧》中,政治被认为既是一种产品也是一种功用,这两篇对话中,柏拉图在宇宙秩序的图景的基础上来设想政治②。至于城邦,则被认为是一种有可能臻至完美的生命体——如果城邦仅将宇宙当作自己的模型,它就可能变得完美。

城邦与宇宙之间的关系不仅仅是相似或类比;这两个存在物在某些方面甚至是完全同一的。《蒂迈欧》对"物理学"的一些问题进行了阐释,比如,它解释了天体的运转,还解释说每一个天体都由四种基本元素构成——这些解释同样能适用于构成城邦的物理事物(包括地质、气象、植被、动物以及人类)。这些事物也都拥有形体,有处所,有着固定的运动,其中的一部分还有灵魂,甚至能思考——这使得他们可以理解理念。所以说,城邦是宇宙的一部分。而另一方面,因为城邦是模仿宇宙而产生的,它源于工匠神(造物

---

① 请参阅《斐德若》中的末日神话与心理学神话(245c-249b),以及其中的一句话——之所以要将宇宙当作整体,去理解它,是为了知道什么是灵魂(270c)。

② 普罗克鲁斯(Proclus),最早的伟大柏拉图注释者之一,他认为应当注意柏拉图描述中两位"造物神"之间明显的亲缘关系——一位掌控着《蒂迈欧》中宇宙的编织物,另一位产生了《政治家》(以及《克里提阿》)中的城邦体制。请参见普罗克鲁斯《〈蒂迈欧〉注疏》第一卷。

第四章　城邦生命:《蒂迈欧》与《克里提阿》

主)对物理质料的排列,它的政体来自一个有秩序的整体,它有着自己的真实的生命——从这个角度来说,城邦本身也是一个宇宙。

城邦约束着人类事务的秩序,正如宇宙约束着物理对象的秩序——柏拉图在最后三篇对话中(《蒂迈欧》《克里提阿》与《法义》)将这二者相提并论。这样一来,他无须借心理学类比或技艺类比就能定义城邦,而且现在他能够描述与解释出城邦的性质、构成(物理构成与政治构成),以及城邦最大的利益。这带来非常可观的理论优势,柏拉图可以详尽而准确地描述哪些条件能够促进城邦的卓越,哪些条件又会产生不好的影响,而不是像之前那样,只能通过强调"被不好地统治的城邦是恶的"(在心理学意义的隐喻中)或是"被糟糕地编织的"(在技艺的隐喻中),来进行一些暗示。现在,他甚至可以清楚地断言,城邦不能有超过 5040 户家庭——一方面是领土条件不允许,另一方面这样大规模的城邦也无法保证充分的淡水补给。①

所以柏拉图宇宙论的核心其实是政治,他融合了物理与政治,并解释说如果要理解城邦的本质,②那么必须要知道宇宙的本质。智者们认为"法律"与"自然"是对立的,他们认为城邦必然起源于二者之一,正义的准则也只能归结到其中的一方,柏拉图则避免了这种对立的看法。③ 即便《蒂迈欧》中的城邦是一个生命体,但这个城邦也不会比《理想国》中的城邦更加"自然"。就其本性而言,人类是一种能够通过思考,赋予生命以秩序,并使得它与神圣图景

---

① 这两个例子分别来自《法义》与《克里提阿》,它们并不是偶然的:在柏拉图的时代里,雅典的人口数量就超出了 5040 户家庭,城邦常常淡水短缺。

② 阅读《蒂迈欧》和《克里提阿》时,不应该忘记它们的目的都是政治性的:它们希望使对卓越城邦的表述更加完整。《蒂迈欧》正是带着这样的目的去解释世界的本质,所以其中的宇宙论其实是柏拉图政治研究的基础。

③ 关于法律-自然(nomos-phusis)的区别,请参阅 Guthrie,1969,卷三,4—5 节;以及,Kerferd,1981,10 节;以及柏拉图的《普罗泰格拉》,337c,《高尔吉亚》483a—484c,《法义》,889a—890a。

（现成的完美）相吻合的动物。但是就城邦的起源而言，却从来不存在自然自发的问题，重要的只是人们生活得更好还是不好，有一些人像兽一样生活，有一些则像诸神的后裔一样。因此法律与自然之间的抉择实际上并不存在；真正的抉择只在于如何规整我们的自然本性（是借助于法律还是通过其他的手段）。如果仅有一种"真正与自然相符的"政治，那么这种政治应当有能力变现出自然的完美。也就是说，这种政治能使我们像诸神一样，被友爱统一，且共同地生活。克里提阿以自己独特的方式向我们解释，所谓更"自然"或不那么"自然"的城邦生活，它们的差别和矛盾只在于这个地方。克里提阿这个角色在《蒂迈欧》中也出现了，他全神贯注地聆听着蒂迈欧展示宇宙，这段讲演最后转向了人类的本性，而人类的本性刚好可以承上启下地引出城邦的本质。宇宙、人类与城邦作为三种不同的生命，构成了《蒂迈欧》和《克里提阿》的研究对象。在这些对话中，城邦不仅仅是有形体物体的集合，它自己也是一个生命体，它凝聚了四种元素，既拥有形体，也拥有灵魂。

政治生命体

克里提阿在《蒂迈欧》的开头就给自己布置了一个任务，轮到他时，他会说一说城邦的性质。等到蒂迈欧讲完了宇宙与人类这两种活物，克里提阿就会接着讨论政治活物，唯有在分别确定了世界的性质与人类的性质之后，才能确定这种政治活物的性质。所以克里提阿讲话之前，我们就已经知道，政治活物与其他活物一样，它也拥有肉体与灵魂，因此政治活物不仅有着自己的运动方式，而且它也能够以某种方式理解真理。苏格拉底要求这种政治活物——即城邦，向他展示动起来的样子，让他看看它是否优秀和强大。他当然不是在要求随便哪一个城邦，而是独独在要求《理想国》所设计的那个城邦。当柏拉图让苏格拉底重新反思那段伟大的政治讨论,并悲叹道其中缺少了运动与真实时(《蒂迈欧》,17c-19c),他并不是在质疑城邦政体的实用性。相反,他只是借此对那个城邦的主要特点进行了一次总结。但是这一次,他选择以另一种方式来讨论这个城邦的性质与实现。唯有借助城邦,政体才能够具象化。从 Politeia(政制)到 polis(城邦),前者是建立在某些原则基础上的蓝图,后者则是一个活物,二者并不一样,它们之间还存在一个转化过程——建造城邦①就是其中一步。建造城邦应是工匠神的行为,这是一项非常独特的工作,需要将各种质料聚集在一起,并塑造它们,同时还要以一定的历史与一定的地理条件为前提。不必管柏拉图哲学理论(有时它认为时间是循环的)中其他谈及城邦的时候是否忽略了历史,但很显然,至少此处提到的这个城邦拥有自己的历史。建造城邦(无论是属神的还是属人的)意味着赋予城邦起源:城邦诞生,成长,渐渐有了约束,彼此之间可能会发生冲突,可能会屈服于敌人,甚至最后因一场洪水而覆灭——这是《克里提阿》中两个交战城邦的结局。最好的让城邦动起来的方式,就是将它推入战争,然后观察它与其他城邦交战时候展现出来的品质。

苏格拉底如是解释道(《蒂迈欧》19b-c),于是克里提阿就设法满足他的要求。他开始讲述一个很早之前听说的故事,这个故事关乎战争,说的是九千年前雅典曾与亚特兰蒂斯岛的庞大王朝相对抗。但是《克里提阿》并不完整:这篇对话在战争开始之前,两个城邦都还没有"动起来"的时候就中断了。对话中断前,克里提阿非常充分地描述了这两个城邦。这些描述占据了大量篇幅,实际上它们与《理想国》中那幅政治蓝图的某些本质内容有关联:将公民划分为不同的功能群体。故事中的古代雅典也运用了这种划分方式,其中公民被分为了三个群体。然而,这段庞杂的叙述,更多

---

① katoikisis,指将人们安置在一个新地方的动作。

的重点在于两个城邦所占的土地,它们各自的起源,以及两者领土与城镇的布局,其中并没有太多关于城邦人民的细节,这种划分只是顺带提及。在柏拉图所有对话中,《克里提阿》在《法义》之前首次地展现了一张城邦蓝图:不仅仅是一张政制草图,而是一张对两个政治实体的生物速写。对城邦蔬果与动物种类的枚举、对城镇地图的描绘,以及对亚特兰蒂斯中建筑的刻画——这些都是《克里提阿》引人瞩目的地方。对话中夹杂着大量地理的、植物学的、建筑学的以及动物学的细节,这些细节其实是在证明,在思考城邦的性质时,不能脱离时代与城邦所处的空间位置。和所有有形体的物体一样,城邦也占据着某个位置;城邦是某些人,也是某种政体,但同时它也是一个具体的场所,是具体的地理环境,是它占据并根植的土地。

即便对话之后并没有继续描写两个城邦之间战争,但是这段对这两个城邦的冗长描述仍然被克里提阿作为讨论的开头。这段描述将两个城邦相对比,将它们视为具备不同性质的两种基本政治类型,并使它们对立起来,从而尽可能充分地描述了它们某些方面的特点。其中,雅典的形象是平衡与持久的统一;而亚特兰蒂斯则因为一开始就不平衡地成长,最后走向了腐坏。为了创造这一对相反的城邦,克里提阿想象了一系列的极端鲜明的对立,通过这种方式,他不仅建立了两个城邦,还成功地使它们对立起来。

这段描述选取了许多典型特征,用以区分这两个城邦,实际上这些特征也可以作为政治批判分析的几种要素。它们主要可以分为六种:

- 人类学(anthropogony):城邦的男性公民是如何出生的
- 人种学(ethnography)或者说"社会学"(sociology):人们如何依据各自的职业被分成不同的群体
- 经济(economy):对资源的控制与利用

• 地貌(topography)：城邦整体的地理环境与城邦物资的数量

• 地志(chorography)：城邦领土地理方面的内容，或者说 khôra，包括城邦的资源与边疆

• 城镇(astugraphy)：城镇规划（所有与城镇或城市有关的内容，它的组织或它的限制）

在两段描述中，这六个范畴依次出现，它们是克里提阿描述城邦的基础。柏拉图认为，这六个类目所涵盖的事物就是构成城邦的元素。可以说，政治生命体是一具躯体，它处在某个具体的位置，由生物（人类、动物、植物）、技艺品以及灵魂构成，它并不仅仅是政治体制。对话在这里又一次强调，城邦不是一个严格的人类学实体，它不仅仅是一定数量的个体——它还是一个地理的、生物的与技艺的实体。从事各种活动的人并不是城邦唯一的对象。这些主张是柏拉图晚期对话非常引人注目的特点。

值得注意的是，《克里提阿》寥寥数页的描写，足以提供一种特别的政治论证的叙述模式，即通过这种视角来定义城邦，它结合了虚构（一场发生于未知远古的想象中的战争）和细描。这段的对象看起来不像捏造，反而有眉有眼，因为它令读者们感到十分熟悉。柏拉图想象古代战争时，使用的是自己年代的语言（从标点、连词、习语的使用以及句子顺序中可以发现），他借用了当时以及历史中政治演讲的词汇与说话方式。他不再选择用类比（雕塑）或范例（编织物）的方式来形容城邦，也不再虚构新的语言或人民（除了政治制度与领土的组织，亚特兰蒂斯的公民与希腊的公民没有任何差别）。现在，柏拉图枚举城邦各方面的特征（地形上、政体上和经济上的）与不同的侧面（它的起源、建筑、人民与军队），希望借助这些物质实体来描绘它。

虽然那两座城邦并不存在，但是克里提阿仍然像描述真实的

城邦一样,去描述它们。为什么他要这样做呢?原因在于,柏拉图写下这个故事最直接的目的就是论辩性的:这个故事想要反对雅典当时的帝国主义倾向①。亚特兰蒂斯的沉没似乎是某种凶兆,如果这并不仅仅是恐吓,那么它应是对当时正走向堕落的雅典的警示。要是想让读者们清楚地理解这个警示,对话不但要使亚特兰蒂斯与当时的雅典有某些相似之处,还要尽可能明显地展示它沉没的原因。而柏拉图笔下的亚特兰蒂斯恰恰与雅典相差无几,那么他的意图就昭然若揭了。亚特兰蒂斯处在海边,它好战,有帝国主义力量,并且在一次远征中席卷了陆地——这些特点足以说明问题。柏拉图用来描述亚特兰蒂斯的理论材料都在强调这些特点,其中处处彰显着"过度"。亚特兰蒂斯的特点不多,但仅有的特点都被再三强调②,这是为了保证人们能从亚特兰蒂斯的形象中看见雅典的影子,这样虚构的城邦才能够发挥相与论争的作用。而另一方面,这也使得一些政治假设浮现出来。亚特兰蒂斯故事值得注意的地方在于,它列举了城邦种种特点,然后这个故事本身随即就检验了这些特点的性质如何,价值几许以及是否合适。故事在一个合情合理的幻想框架之内③,像验证政治假说一样充分地检验了这些特点,就好像从中可以推演出某些确定的结果一样。

关于这类"合情合理的虚构",即使对话总是强调它可信,但还是显得不那么真实。我们似乎又回到了合情合理却繁琐的对政治

---

① 在公元前360至356年间,雅典的海军和远征队与同盟者们都结束了同盟关系(虽然这些同盟者确实有过失),并想方设法将那些在希腊战争中始终奉行和平政策的城邦拉入战争。柏拉图,作为雅典帝国主义梦想坚定的反对者,不断地强调这种行为会造成灾难性的后果,并果断地支持那些奉行和平政策的城邦。关于雅典故事的详细注释,请参阅 Pradeau,1997a。

② 这种重复是具有主题性的。对话描述亚特兰蒂斯的时候,一些特点反复地出现,这些特点都和某些主题有关(海洋,军事,甚至马术或装饰艺术),并且这些特点都彰显着亚特兰蒂斯岛对金钱与奢侈享受的热爱,这个岛屿崇尚浮夸的装饰之风,所以孜孜不倦地开发海港经营商业——在雅典城邦中也不可避免地可以看到类似的狂热。

③ 就像《蒂迈欧》中的宇宙论模型,克里提阿试图模仿它。

体制的建构中。哲学政治家们建造城邦并不是为了一丝不苟、亦步亦趋地实现自己的蓝图，这些蓝图只是类型。① 但是，即便这些虚构没能被直接落实，我们也不能认为它们只是一些无用的幻想：它们还有一个可能的用处②——对于那些要统治城邦的人，它们可以帮助他知道什么对城邦是最好的。正是在这个意义上，苏格拉底和克里提阿才会强调说这段关于远古战争的回忆是真实的。同样，因为这个故事只是看起来真实，所以它可以同时与许多互不相同的实体相似。因此，亚特兰蒂斯神话作为一个政治对象，除了批判目的之外，还具有建设性目的。对话通过两组不同特征的对立（包括对人民的组织以及对领土的规划），以及两种社会的不同发展走向，展示了两种典型的政治形式。下面是这段论述的要点：

蒂迈欧（20d8-27b6）：
　　20d8-25d7：克里提阿的回忆
　　　　20d8-21d9：引子。克里提阿回忆老克里提阿讲故事的场景
　　　　21e1-25d6：老克里提阿的故事（梭伦与祭祀）
　　　　　　21e1-23d4：萨伊斯（Sais）和古老的回忆
　　　　　　23d4-25d6：雅典最好的远征
　　25d7-26c5：克里提阿回忆那个故事
　　26c6-26e2：克里提阿回应苏格拉底的要求
　　26e3-27a1：苏格拉底表示赞同
　　27a2-27b6：《蒂迈欧》与《克里提阿》的大概轮廓（描述宇宙、人类与城邦）

---

① 此处使用这个词语似乎比"模型（model）"一词更合适。后者意义更为模糊，指的是在建设城邦蓝图的过程中所使用的知识或理性工具，而不能表达清楚政治分析中的观念。这个想法来自Weberian。

② 克里尼亚在《法义》卷三，701d中提到过这种用途，他说，"合理的"政治体制既有助于检验现有的城邦，也能够在未来建立城邦的时候提供帮助。

克里提阿(106a1-112e7)
    106a1-106b8：蒂迈欧加入对话
    106b9-109a8：开场白与概述
    109b1-112e7：雅典
        109b1-109d2：城邦地址的神圣选择与对土生民灵魂的治理
            109d2-110d5：土生民
            110d5-111e5：雅典的领土
            111e5-112d3：城镇
        112d4-112e7：护卫者的数量与对护卫者的管理

亚特兰蒂斯(112e7-121c4)
    113a1-113b6：评论这个城邦的名字
    113b7-114d8：城邦地址的神圣选择与城邦人民的产生
    114d8-115b6：资源
    115b7-118e7：岛屿的组织
    118e7-119b8：亚特兰蒂斯的军事力量
    119c1-120d5：皇室的权力
    120d6-121c4：亚特兰蒂斯道德的衰败

    上文已经提到，《克里提阿》中的几种政治组织形式与《蒂迈欧》中的宇宙论密不可分。这不仅仅因为城邦是宇宙之中的实体，更重要的是，它还是一个有生命的实体。正是由于这个原因，《蒂迈欧》描述生命体时，所用的术语以及对它们性质的阐释才会被《克里提阿》直接用于城邦。《蒂迈欧》中的一般生理学（同时适用于人与世界）的目的其实在于定义《克里提阿》中的政治生理学。

    这种一般生理学认为，所有生命实体的健康状态都是一种动态平衡状态，它是所有疾病的唯一治愈方式："不要只使用灵魂而不使用身体，也不要只使用身体却不使用灵魂，这样这二者才能最终达到健康"(《蒂迈欧》88b6-c1)。唯有当灵魂将自己的运动加诸于身体的六种运动上的时候，才能达到健康的动态平衡状态。因此，蒂迈欧的人类学或许会认为人的本质包含两个部分，这两个部分都有能力在保持秩序的情况下，以一定的方式运动，也就是说，这两个部分都是协调并且受到控制的。克里提阿也延续了这种观点，他也认同人的本质是复合的，他让它活动了起来，并让它在政治中充分得到表现。克里提阿明确地说，一开始，那场古老的战争中人们的表现，与他们受到教育之后的表现有很大不同。也就是说，后来那些人生活在城邦中并在其中受到教育，然后他们通过蒂迈欧所述的两种人类达到平衡的途径中的某一种(87a-c)，最后变得不一样了。克里提阿故事中的男人与女人(远古希腊人)都受到了最优秀的教育：要记得，他们可是苏格拉底"理想国"中的公民(《蒂迈欧》，18a-c)。因此可以说，《克里提阿》凭借对宇宙，以及《蒂迈欧》中诞生的人类的研究，重新解读了《理想国》。

所以说，亚特兰蒂斯神话借助了《蒂迈欧》的宇宙论及人类学内容，修订了柏拉图的政治理论。对话在宇宙论的基础上，开始了一场追根究底的探索——它的目的就是要定义人类与政治事物的性质。对话探究这两个对象时，使用了相同的分析工具与解释模型。这意味着，《克里提阿》在思考，是否有可能在人类与有朽事物的领域建立一种动态平衡。这就是为什么，柏拉图在表现了所有生命实体与人类实体的性质之后，又进入了政治生命实体的领域中，开始探索城邦的性质。如果这种假设是真的，那么对话中大段的描述、列举与评价就都讲得通了。

为了演示物理事物的物质本性，《蒂迈欧》先用几何术语描述了它们的物理构成，然后又解释了它们的运动。克里提阿将这段描述熟记于胸。我们阅读《克里提阿》的时候可能会感到震惊，亚特兰蒂斯占据了对话全部的陈述部分；如果没有亚特兰蒂斯，就不会有战争,也不会有这段故事。对话会这样描写的原因很简单:亚特兰蒂斯处在扩张中。很多学者都指出过,在雅典保持静止的时候,亚特兰蒂斯正在运动。但是更准确的说法是,雅典也在运动,只是它的运动停留在一个点上(它的公民并没有停歇,仍然在陆地上使用着各自的技艺),而亚特兰蒂斯却不停地分裂,大兴土木(大部分是水利工程),并移动自己的边界,扩大自己的疆土。这种扩张的运动断断续续且无规律地进行着:它既不离心,没有朝着某个固定的方向,也并不均匀。仔细地观察亚特兰蒂斯岛的几何形状会发现,这个岛的形态有一些不和谐的地方。比如,一开始波塞冬用来环绕主山的五个圈是完全相等的,但是之后却被他的后裔给破坏了,他们用矩形的运河穿透了这五个圈(113d-e 和 115c-d)。再比如,雅典的所有公民都聚集在一起,亚特兰蒂斯却与之不同,它的公民被分布在许多的村镇里,这些村镇被垒墙、城门与运河分离开来。总的来说,这些描述中有两种对立的形态:一是圆形,它包围,容纳,限制物理事物(世界就是球形的)①;另外一种则是矩形,矩形并不能自然地组合在一起,它们倾向于堕落。就各自的边境就能看出两座城邦在"限制"上的不同,雅典(一座城邦)的统一与亚特兰蒂斯(一个庞大的殖民王朝)的不平衡形成了鲜明对比。对话中丰富的对地理边境的描述表明,界限决定与限制了它所包围的内容。②

对这两个城邦而言,限制不仅仅指边境线;它还意味着承载公民生活与活动的土地规模以及建筑数量。从这个角度说,亚特兰蒂斯并不是毫无限制,反而是有着太多限制:大量的并列的四方形界限(各个区),矩形界限(平原、寺庙以及运河)还有圆形界限。对亚特兰蒂斯而言,它远不止被一个圆形包围,在岛屿上有着各种各

---

① 《蒂迈欧》,33b 及以下。
② 参见《斐勒布》,25d 及以下。

样的形状,所以岛屿上的物体不可能全部按照同一种方式运动,各种各样的运动横扫了亚特兰蒂斯。对它而言,真正的界限只有一个:那就是海洋。但海洋并不是一个政治意义上的界限,它并不能定义它所包围的领土与城邦,也不能使它们统一起来。亚特兰蒂斯是一个没有平衡的城邦。对话对岛屿的描述早已预示了亚特兰蒂斯之后的灭顶之灾,城邦体制中的不平衡导致了这个生理学后果。但是,亚特兰蒂斯充沛的资源并不仅仅是在证明城邦的不节制;其真正的意义在于,它们正是政治学所要处理的事物。如果说政治的目的是要让城邦避免不道德和不正义,那么政治的功能就是要赋予城邦以秩序,并限制城邦的形体,而它的任务就是,要让城邦中所有的形体都处在城邦的限制中(亚特兰蒂斯覆灭的原因就在此)。如果政治像在《政治家》中一样,被赋予了造物的特征,那么它就必须掌管城邦的一切资源和一切产品。《克里提阿》表现这个任务的方式十分耐人寻味,它在与另一个城邦的比较中交待了这个任务——在公共领土的限制下,城邦中所有形式(技艺、城邦规划、建筑技巧)都必须促进城邦公民的平衡。所以,《克里提阿》花费了很长的篇幅来讲城邦是如何赋予物理材料秩序的(或者说,如何将它们"编织在一起"),甚至比《政治家》用来讲技艺与产品的篇幅更长。在《克里提阿》中,政治被视为有形之物的总和,以及所有关系到人类事务的事情的总和(譬如地理位置、气候、农作物等)。由于城邦需要一定的资源,所以城邦会被某些地理条件限制。远古雅典中农夫与工匠的辛勤劳作很好地适应了(111e)那片土地的肥沃,一定程度这可以解释这个城邦为什么是正义而卓越的。

这样我们或许可以理解,对柏拉图而言,他最后两篇对话中(《克里提阿》与《法义》)讨论的城邦蓝图扮演着什么样的角色。这两幅蓝图不仅仅表现了城邦应采取什么样的管理形式,或城邦应如何划分领土;事实上,它们分别对城邦的生理学问题与动态问题作出了政治回应。设计一张城邦的蓝图,不仅仅意味着要将城邦划分为不同的功能区(譬如远古雅典对城镇的规划),重要的是要作出限制,以及控制组成城邦的所有有形物体①。所以说,令柏拉图感兴趣的并不是地理,也不是规划城镇,而是对城邦及其各个部分的运动的限制。在《法义》的圆形城邦中,柏拉图最注重的是来自各个份地的公民群体的规律运动(见后文)。

过去雅典蒙受神的荫庇,赫淮斯托斯和雅典娜选择了这片土地,所以它天生就适合德性和思想(109c10-11)。但它之所以卓越,是因为这块地方恰好卓越,它的人民也恰好卓越。前者给了人们营生方式和最好的条件(植被与动物,建造材料以及气候)。而公民们则表现出了形体与灵魂的完美结合,这样他们就可以享用他们领土的完美——这里和《蒂迈欧》使用的词语一样(112e6)。这样一种自然的卓越,一种人类的卓越,这两种形式的卓越构成了雅典的生理学。雅典卫城非常巨大,绕ाल山脉的顶上居住着护卫者,他们将工匠与农民生活工作的地方包围了起来,并且统治着他们。从城邦的形体上来看,它天然就有一个固定的限制,包围着城邦中大量的有形体之物(112e,人口是固定的,资源也是充足的)②。在控制流动方面伴随的固有困难,看起来都因为一个预设而被更好地解决了,即没有新的物体能增加到城邦中。通过这种方式,城邦的形态始终如一,它也保持着自己的平衡——直到那场地震将它毁灭。

《克里提阿》将《蒂迈欧》补充完整,两篇对话构成了一个协和

---

① 《政治家》用了一种不同的方式进行解释——编织者的功能在于,将城邦中有生命和没有生命的物体全部编织在一起,让它们相互连结(308c-311c)。《克里提阿》重复了相同的说法,但它将对象扩充为对人类与政治生活发挥影响的所有有形物体。

② 应当注意,雅典领土严格的限制并没有杜绝这个城邦统治其他希腊城邦的现象(112d)。这意味着,雅典的至高权力来自于它本性中的完美(有秩序和封闭)。在柏拉图的政治理论中,自足与霸权并不矛盾。

的整体，它们共同组成了一次完整的研究，研究的三个对象依次是宇宙、人类和城邦。虽然这个研究并没有完成，但不会妨碍我们理解整个研究的计划和原则。研究从假设这三个对象都是生命实体，并且都具有相同的物质性质出发，用完全相同的分析方式，阐释清楚了这三个对象的性质、结构与发展。定义一个生命实体，即是要描述它基本的结构，它的运动以及它所要达到的平衡。这也是生理学（请将它理解为一种关于自然本性的科学，或者说是对本性的研究）的任务，而《克里提阿》生理学的研究对象只有政治。政治生理学的研究虽然还没完全展开，但是当它将城邦描述为一个物性的个别实体时，比起《政治家》之前对话建立的理论，就已经带来了一些重要的新元素。《理想国》向我们展示的只是一个类比，《政治家》也仅仅从技艺的角度进行表述。而亚特兰蒂斯神话之后，柏拉图已经可以将城邦定义为一种特殊的生命实体了。这正是苏格拉底想看到的结果（最后，应当赋予他的城邦以生命，《蒂迈欧》19b-c），他在《克里提阿》中，对城邦产生的模式进行了前所未有的修改：城邦被边界所环绕，所限制，所决定；城邦作为神圣和有朽的混合体而产生出来。

这样，柏拉图的哲学就有能力详细地阐述城邦的性质了。但是现在，这就不仅仅是政治哲学的事了：在《蒂迈欧》和《克里提阿》中，城邦介于宇宙和人之间，得到了在《理想国》中不曾有过的地位和尊严。城邦是一个要求着专门知识的对象。而《法义》则告诉我们，唯有进行真正的系统性的研究，才可以把这个问题分析清楚。

第五章　城邦,政治的宇宙:《法义》

第欧根尼问柏拉图他是否真的写了《法义》,接着又问,"到底是怎么回事?——因为你也写过《理想国》。""当然。""那么,《理想国》中缺乏法律吗?""一点也不。""那么为什么你还非得写《法义》呢?"(Stobaeus,III,13,45)

《蒂迈欧》与《克里提阿》已经为一种系统的哲学性研究做好了准备,但或许是因为不能,或许是因为不愿,柏拉图并没有以这种形式进行研究。《法义》回到了《蒂迈欧》—《克里提阿》—《赫莫克拉底》(*Hermocrates*)构成的三联剧中,并完成了它。《法义》不是法律论文,也不仅仅是一篇关于"政治哲学"的研究,它仔细推敲了哲学在现实中所能涵盖的每一个方面。正是在这篇对话中,柏拉图的所有作品终于形成了一个完整的系统。

近些年开始,柏拉图这篇未完成的遗作重新受到关注。如今,虽然它还没有得到完整的注释和解读,但它常常出现在人们的讨论中。①

---

① 有个别例外:Pierart,1974 的全面解读;Netschke-Hentschke,1971 关于《法义》的长文。还可以参阅 Stalley,1983 的注疏。从 80 年代起,关于《法义》的文献就有了可观的增加;更多细节参见我参考文献前注释中提到的"柏拉图研究书目"(*Bibliographie Platonicienne*)。

诚然，它的篇幅过于冗长或许是学者们对它兴致索然的原因之一。然而反观《理想国》，它之所以被如此广泛的阅读，并不仅仅是因为它比《法义》短一百来页。《法义》这样一篇宏伟巨制受到的关注竟然还不如《克里提阿》与《申辩》等短篇对话，这实在令人意外。而这两篇对话之所以备受关注，无疑是因为它们有趣。学者们对《法义》的疏离或许也与它的乏味有关，而且对话中一大堆法律也容易让人误入歧途，譬如读到第八卷时，读者满脑子都是关于正确的收获葡萄和无花果季节的规定，早就不记得这部作品最初的意图是要找到最好的统治城邦的方式了①。于是，学者们一方面因为《法义》的乏味，一方面则因为自己先入为主的印象，认为《法义》并没有达到其他对话的水准，而倾向于片面的研究。他们关注的问题，诸如这篇对话写成时间究竟是否早于其他对话，它是否比《政治家》更多地呼应了《理想国》，它是否能证明《蒂迈欧》要早于《政治家》②等等，这些问题其实更加让他们远离了对话本身。毋庸置疑，目前学术界充斥着这些毫无新意的主题性研究以及对年代的猜测，所以对《法义》进行严肃而全面解读的空间仍然广阔。而我希望，下面的评论对将来严肃的《法义》解读有所助益。

政制形式的法律

或许《法义》中令读者备感乏味的大量法律谈话的存在（rai-

---

① 但是，《法义》中与司法和处罚有关的内容为很多注释者津津乐道。当代已出版的相关图书中，大部分是从法律史的角度出发，将《法义》的内容与其他希腊城邦的法律相比较，并试图解释柏拉图的法律选择。这类作品中有三篇是比较典型的：Gernet 对法律的介绍，卷一，页 xciv-ccvi；Morrow 的注疏，1960；以及更为精细的 Saunders 的研究，1991。

② 我指的是 Owen 提出的假设，1965，pp. 313—38。这些假设虽然在同一卷中遭到了 Cherniss 的反对，pp. 339—78，但是这些假设仍然引起了不少解读者的兴趣。请参阅 Gill, 1979。

son d'être)是柏拉图的一个严肃决定,是他个人生活中经历的背叛与失望,以及政治灾难促使他做出了这样的决定?《法义》是否是在这样的情景下写成的:距离《理想国》与《政治家》这些讨论理论上的卓越的作品已经过去了许多年,这位心灰意冷的哲学家开始试着将城邦放在一个不可预测的不完美的环境下——其中充满着意外、人性的软弱与无知,以及不可避免的误差与错误?年迈的柏拉图是否意识到,政治家并不能像自己希望的那样处理各种物质材料,从而终于开始退而求其次地借法律统治城邦?——这种传记式的解读存在已久,但它却是错误的①。这种解读以一种令人困惑的方式将《法义》与《政治家》相比较,并且已经隐含了一个前提,即它认为柏拉图已经放弃了关于最完美的智慧统治者的理想,才会将法律当作权宜之计,试图实现"次好"。② 另一方面,这种解读还联系了书信七,③认为柏拉图因西西里之行而无比失望。归根结底,这种说法认为这篇对话冗长而乏味,充斥着无意义的内容,因为它处处表现出柏拉图希望破灭的痛苦:"他终于妥协,物质的世界远不如《理想国》中的美好……与其他作品相比,柏拉图在《法义》中的情绪显然不好。"④最近有些解读者试着去纠正这种解

---

① 这种说法可能起源于近代,Neschke 指出,在斐奇诺的著作中已经有了这样的说法(1995(序言))。在当代所有注释者中,Neschke 是"柏拉图老年时期在政治和哲学两方面都深感失望"这种说法最强烈的反对者之一。她认为有充分的理由相信,与之相反,《法义》是柏拉图作为哲学家最典型的一次表达。这篇对话仅受一个基本的动机的驱使:即,弄清楚什么是善的,并让它实现(1971, p. 324)。Neschke, 1995, pp. 137—64 第五节也有相同的说法。
② 《政治家》,300a-c 说这是"第二种方案",并解释说,在没有最好的体制的情况下,就必须根据法律,维持现有的政治体制。《法义》中相关的段落主要在 691a-b,713c-714a,875c-d。请参阅 Gill, 1995, pp. 301—4。
③ 325c 及以下,但是那些认为这篇书信可信的人,应当注意作者实际上说了些什么。他的确有说到挫折,但是他并没有表现出要改变自己的观点,和放弃自己的理想。
④ 关于这一点,Klosko 所作的结论是最广为接受的,1986, pp. 198 和 199。Pierart, 1974, pp. vii—viii, 也有对柏拉图"最后的失败"的表达。最后,还可以参见 Annas, 2000,"《法义》表现出了经验主义倾向"。

读,他们的方式或是强调部分段落所具有的理论原创性,或是试图梳理对话的主要章节并将其系统化。① 其贡献主要在于,他们让人们注意到柏拉图在《法义》中做出的努力——他试图容纳那些让《理想国》困扰不已的非理性因素,并借此改善那种"混合"体制使它能够允许非理性的欲望继续存在,并合法地屈从在理性的麾下。② 这就是为什么《法义》中的法律能够容纳那么多被《理想国》不屑一顾的行为与信念。

这些解读和研究绝大多数都还在摸索和前进中,但是我相信总有一天它们都会完善。即便如此,这或许仍不能令那些认为这篇对话读起来十分乏味的人有所改观。所以,与其针对《法义》的传统解读进行澄清,我更愿意整体地推敲这篇对话,并试图论证柏拉图最后一次登上舞台留下的哲学作品实际上充满了冒险精神,它解决了许多《理想国》无法处理的难题——比如,关于城邦的发展,关于城邦的物质形体,关于可能会将城邦毁于一旦的冲突以及城邦公民的行为方式。晚期对话(《蒂迈欧》《克里提阿》与《法义》)都基于一套完整的"物理"理论,所以它们可以定义所有物理事物的元素与运动,它们可以将现实视作一个整体并对其进行解释——所谓的现实,就是宇宙。所以说《法义》并没有向"现实"屈服,而是试图解释现实。要想证明这一点,并给柏拉图最后一篇对话一个更公正的解读,首先要记住的是,《法义》延续了柏拉图对最好的城邦体制的探索。唯一不同的地方在于,《法义》写成于《克里提阿》之后,所以它不仅仅描述城邦的体制,它还将城邦形容为一种生命实体③。其次,我将试着证明,《法

---

① 比如,Saunders 对其中法律材料的一致性与独创性研究(1991);Naddaf,1992,也表现出《法义》是柏拉图对自然本性(nature)研究的最后一个阶段。

② 可以参见 Bobonich,1991。

③ 对应于这种生命实体的知识是"政治生理学"。Pradeau,1997a,页 282 及以下,我根据《克里提阿》对城邦的这种动物学地位进行了阐释。

义》是从这种生理学出发,为柏拉图对城邦的理解画上了点睛一笔。最后,我会讨论柏拉图对现实的系统性阐释与其城邦蓝图间存在的关系。

《法义》的目的与柏拉图其他讨论城邦的对话(尤其是《理想国》)完全相同①。在《理想国》当中政治思想对城邦体制的规划以及政府的目的都在于,使所有公民都有机会实现卓越。而《法义》和柏拉图所有其他对话一样,认为实现这个目的的唯一途径就是让理智统治城邦。所以,这篇对话的目的也是要设计出一个被妥善统治的城邦,只是这一回,对话是在受理智支配的话语秩序中进行的②。但是,这篇对话一开头就想要讲清楚那个建立城邦的人的身份。建立城邦的人,不管他们的身份是《法义》中的对话者,还是这些对话者所面对的殖民者,重要的是,城邦的建立者都是"立法者"。这很关键,因为只有理解了什么是立法功能,我们才能理解《法义》的地位和它所研究的对象。所谓立法者,他是塑造城邦的政体、建立城邦的人。所以他和现代立法机构的官员不一样,他所做的远不止是创设法律。他还同时是城邦与城邦体制的创设者。③ 在《法义》设定的情景中(要从零开始建设一片殖民地),立法者就是城邦的建立者:他设立了许多规则来规范公民,这意味着他统治着这个城邦。但是,在开始研究立法者建立和统治城邦的方式之前,应该先说一说立法者工作的地位以及这篇对话大体上的情况。

---

① 亚里士多德曾多次提到(《政治学》,卷二,2—6),《法义》的体裁并不会与对话体裁有太多不同(《法义》和《理想国》在文章结构上像是论文),而且它的论证也没有出现不同(亚里士多德说,在《法义》中,有更多的法律,但归根结底那个制度是一样的)。

② 《法义》,卷三,702d1-2 和 e1-2,卷五,736b5-6,使用了和《理想国》,卷二,369a6-8 与 c9,和 376e1,一样的用语。

③ 在《法义》卷一,630d 及以下,主导对话的雅典人强调说这种对法律的定义是不同寻常的。

城邦的体制

一开始,《法义》只是接过了《蒂迈欧》与《克里提阿》未完成的讨论。它给出了一份城邦的发展史,从城邦的起源(洪水)时期一直讲到对话发生的时候(在卷三的开头)。在《蒂迈欧》描述了宇宙(宇宙起源 cosmogony)与人类(人类起源 anthropogony)的诞生之后,《克里提阿》和《法义》先后开始描述城邦(政治起源 politogony)的诞生。① 《法义》从制度与历史两方面对当时的四支政治力量(克里特、斯巴达、波斯与雅典)进行了分析,从而对多重起源(polygony)进行了补充。或许因为这个原因对话会显得有些混乱,其中起源神话、史诗与近代历史杂乱地堆在一起。整理出《法义》的纲要可以消除这种混乱。首先,对话的开场白定义了法律的功能(尽可能好地建立城邦;卷一,624a1-628e1);之后,对话的第一部分研究了所有可能的制度类型(卷一,628e2-卷三,702e2);第二部分则是关于有德城邦的描述(卷四,704a1-卷十二,968e5)。然后对话以一段收场白(卷十二,968e6-969d3)结束。② 这份纲要很直接地呈现了整篇对话。对话者们讨论的主题是,以什么方式创建城邦最好。最后任务落到了法律上,但是无论是现有的还是历史上的法律都没能提供良好的范例。因此,最好的城邦必须通过言辞来建立,通过理性来创建。这正是《法义》的任务。

卷一,624a1-28e1:开场白:法律必须按照至善来建立城邦。

---

① 或许有人会因此觉得,柏拉图为了写《法义》,而故意没有写完《克里提阿》,前者回到了《蒂迈欧》的框架中,并且完善了它。这也是我在 Pradeau,1997a 中试图论证的假设。

② 然而,文本上的诸多困难以及许多迹象都表现出这篇对话是未完成的,柏拉图的离世可能是其原因。

卷一,628e2-卷三,702e2:立法的对象:有德的城邦
　　卷一,629a1-卷二,674c7:A.立法的目标
　　　　629a1及其下:克里特和斯巴达的法律都没有以整全德性为目标
　　　　632d8-636e3:德性不同的种类
　　　　636c4-674c7:控制享乐(教育与酗酒)
　　　　法律是控制享乐和塑造灵魂最好的工具
　　卷三,677a8-702e2:B.体制的起源
　　　　677a8-693c6:洪水之后的城邦
　　　　693c7-702e22:两种体制类型:斯巴达与雅典
　　　　到目前为止,还没有过有德的城邦
卷四,704a1-卷十二 968e5:建立有德的城邦
　　卷四,704a1-卷五,734e5:A.开场白
　　　　704a1-715e6:展现城邦:它的位置与殖民者的来历
　　　　715e7-718a6:与殖民者的对话
　　　　718a7-719e7:推荐立法者
　　　　719e8-734e5:主要开场白的性质,功能以及内容
　　卷五,734e5-卷十二,968e5:B.开始对体制的立法
　　　　734e5-768d7:1.准备活动:城邦与它的执政官
　　　　对城邦的净化
　　　　城邦的人民与土地的分配
　　　　对城邦三个级别的德性的分类
　　　　家庭的数量
　　　　劝诫:要遵守这些尺度
　　　　富有
　　　　对领土的划分
　　　　执政官与他们的职责
　　卷六,768d7-卷十二,960b5:2.法律的建立

介绍

家庭

婚姻与家庭的善好

教育

食物与资源

犯罪与惩罚

财产与合约

次要的错误与罪名

管理者们

渎神与罚金

与外国人的关系

各种罪名

法庭

葬礼

卷十二,961b6—968e5:3. 保护法律:议会

卷十二,968e6—969d3:收场白

《法义》的第一部分处理了每一种可能的政治体制类型:过去存在的、传说存在的与当时存在的①。讨论每一个例子时,对话者都会自问,这种体制是否有可能让整个城邦实现完全的德性。每一次答案都是消极的,因为例子中的体制要么只有部分的德性(而不是完全的德性),要么就是其中只有部分公民具有德性(而不是整个城邦)。所以顺理成章地,因为历史和神话都不能满足条件,对话者们只能尽量合情合理地进行虚构,在虚构中创造一个体制。这个虚构的体制针对的是《法义》第一部分发现的问题:迄今为止,还没有过真正有德的城邦,没有一个存在的城邦按照理智(nous)

---

① 参见卷四,714b,它提醒我们这段冗长探询的主题是"政治体制类型学"。

生活。所以,有德城邦的建立者(也即立法者)会有智慧地塑造和管理城邦,他们秉持着《理想国》中的一个信念:除非通过思想,否则不可能达到卓越和完美。但是《法义》与《理想国》又有所不同,后者遗留下许多未能解决的问题,前者却给予了城邦的建立者,也即立法者,一种特别的统治工具——即法律。

在《法义》当中,法律既是建设性的也是工具性的:对于立法者,法律既是建立城邦的手段,也是使城邦有秩序的手段①。用柏拉图自己的话来说,法律(nomos)是理智(nous)的工具②。《法义》给法律下了一个简洁的定义:"理智的分配"(卷四,714a2),这是说,通过法律,理智可以决定行为模式,另外理智也可以发挥分配的作用(根据城邦中每个市民进行分配)。③《理想国》的读者会觉得理智的这种规范与分配功能似曾相识,因为《理想国》中最好城邦的建立者也有这样的职能,这些建立者是从学习过辩证法的卫国者中挑选出来,去统治城邦的④。而在《法义》中,法律也承担了同样的建设功能——并且是最广义的建设功能,因为这篇对话中的法律无所不包,它规定了城邦的体制、规则、限制以及城邦生活的模式。因此,就建设和统治城邦而言,立法技艺与政治活动之间不存在差别。在《法义》中,立法技艺只是政治的另一个名称而已⑤。不过,对话为什么要用立法技艺代替政治,还有待解释。在《政治家》中,法律只是统治技艺的一种功能和手段——只有在城

---

① 如同我在 Pradeau,1997a 中说的,法律的新用途第一次出现是在《克里提阿》中。

② 这个文字游戏出现在卷四,714a 与卷十二,957c。

③ Bobonich,1991,讨论了问题的第一个方面(理性说服)并且替修辞与法律的用途进行了辩护。Neschke,1995(尤其是第五节与结论部分)则讨论了问题的第二个方面(分配的正义)。应当同时考虑这两个方面。

④ 见卷七,534e f.;《法义》中的法律就承担着进行选拔的职能。

⑤ 在卷二,657a 与卷五,742d-e,立法与政治就是同义词;也请参见《理想国》,卷六,502b-d。

邦中不存在一位有知的统治者时，法律才会变得重要并成为主要的统治手段（297b 及以下）。《法义》中的观点则很不一样，这篇对话中，似乎法律构成了政治的全部，并且，与其说它与有知的立法—统治者共存，倒不如说它与有知的立法—统治活动共存。①

　　让城邦得到良好的管理，并不一定需要一个立法者，或者任何个体的理智；它需要的只是理智——管理和组织城邦中的各种物质材料的理智。至于到底是由法律还是由个人的统治（比如说，一个有知的僭主）来执行这个职责，其实并不太重要；事实上，如果必须要在这二者中选择一个，《法义》会更倾向于法律，因为法律并不会有人类天性中的缺陷——腐败。有些评论者之所以过度强调在《法义》中"哲学王"不复存在了（但是在《理想国》中他真的曾经存在过吗？），是因为他们不曾注意到，柏拉图从来就没有将城邦的统治当成仅关乎个人的事。正是出于这种错误的态度，《法义》中领导对话的雅典人确立的等级体系才越来越为人们津津乐道，因为这常被学者们理解为柏拉图放弃完美政治的标志。但是事实上，雅典人同时也表明（在卷五中），人类城邦唯一应当模仿的就是诸神的城邦，唯有付出足够的努力，人们才能完美地让这种城邦成为现实。

　　这个立法游戏的下一步就像下跳棋时"跨过界限"一样不正常，第一次听见的人会感到惊讶。但是经验和思考很快会告诉我们，城邦的现实组织难免会与理想有些差距。你或许——假如你不知道这对一位并不拥有独裁权力的立

---

① 在这里，也很有必要再一次强调，在柏拉图的对话中，政治人物都是根据自己的职能而被命名的。柏拉图定义的是职能和技艺，而不是他们人类学意义上的品质，或个人的特点。如果统治者必须是一名哲学家（反过来说也一样），那是因为，统治这一职能要求着一名有知的管理者。如果一名政治家是一位将城邦变成一件编织物的工匠，那是因为，政治技艺就在于这件编织物产品中。柏拉图与他的后继者不同，他从不关心何人能够或应当统治城邦，他的问题只在于"应当为城邦做些什么？"

法者意味着什么的话——会拒绝接受这样的城邦；即便如此，正确的立法过程不仅仅能绘制出理想的城邦，它同样可以绘制出第二好或第三好的城邦，然后再交由建立这个共同体的人，让他自己去选择。所以，现在我们这就开始这个过程吧：让我们来绘制完全理想的城邦，然后再绘制第二好的和第三好的。等这些都完成之后，再把选择权交给克里尼亚，但是可别忘记，我们其他人可能同时也面临着这样的选择，人人都希望将他认为的自己国家有价值的习俗付诸实践。

你们将发现，这个最理想的社会，以及这部最好的法律，会举国上下都践行那句老话"朋友的财产就是公共的财产"。我并不知道像这样的社会——女人、孩子和所有财产都归公有——是否现在存在着，或者将来会存在；但是，在这样一个社会里，"私有财产"的观念肯定完全从生活中绝迹。一切可能的事情都会被投进某方公共的水池，即便是某些天然就是"我的"的事物也是如此，譬如眼睛、耳朵和双手——因为它们看见的，听见的以及做出的动作都是完全一致的。每一个人都会因为同样的事情感受到快乐或痛苦，于是他们就可以完全一致地去赞美或谴责。总而言之，法律将可能存在的最大程度的一致加诸于城邦——那么你将绝无可能再找到其他的法律比这种规范更好，更真实。这种城邦之中住着的可能是诸神和诸神的子孙：如果是这样的话，他们在那里遵照着这些规则的生活一定是幸福的。所以说，人类只要以此为理想就可以了：人们应当把这种城邦放在心里，然后寻找一个与它最相近的城邦。这就是我们现在着手在做的事情，如果这个城邦可以以某种方式实现，它就近乎不朽，并且它也是**第二统一的城邦**。而之后，蒙上苍青睐，我们会来描绘第三好的城邦。但是现在，我们应该给第二好的城邦什么样的描述呢？这种城邦会以什么方式被产生出来呢?①

译文中的标识表示这种译法并没有得到广泛地接受,它将原文译作城邦"在统一方面"(字面意思是"作为一个整体")是第二好的,而大多数评注者认为文本的意思是,"在优越性方面"是第二好的②。这段文本很值得仔细研究,一方面是因为它暗示了某种修正,更重要的是,它很好地总结了《法义》的脉络。同《理想国》与《政治家》一样,《法义》也承认完美的统一不可能在城邦中实现。但这两篇稍早的对话实际上并没有详细地阐述这一点,它们以另一种方式处理这种困难:它们认为城邦之中可能会有某种统一(三种灵魂的平衡产生的统一,或者用纱线与羊毛编织进一件织物的统一),但是它们却从不认为城邦可以实现完美的统一。恰如亚里士多德所抱怨的③,城邦统一之实现的最后目的总是哲学王,哲学王始终是柏拉图哲学的目标。毋庸置疑,《法义》中提出的方案影射了《理想国》的做法(比如一切事物都是公共所有的,都归在某位统治者的统治之下,739c):它提醒了我们,在《理想国》中,这种最好的城邦体制中,三个公民群体实际上只有一个完全地实行共产制(护卫者);这篇对话还认为,政治家的一举一动都是对神圣事物以及天上秩序的模仿。所以说,在《法义》中,柏拉图并不是在表达他已经放弃了对完美理想的追求,相反,他认为人应该始终追求着卓越。法律必须效力于城邦的(神圣的)统一。因此,法律既有自己的功能,也有自己的界限。它们的功能当然就是促进城邦的统一,是让城邦成为"一";同时法律也应当清楚,这种统一就意味着

---

① 这段文本的翻译来自 Saunders,1970,但是文本 739e4-5 处有改动,用下划线标识出来的词其希腊语原文是:kai hê mia deuterôs。
② 后一种解读方式支持的观点是,柏拉图在《法义》中已经放弃了完美统治的希望,并转而寻求次好(立法)。
③ 在亚里士多德看来,"城邦的统一"只是柏拉图理论的一个情结。

城邦公民的幸福生活。另一方面，法律的界限在于，它们没有能力在"整个城邦"都实现自己的功能。

《政治家》对这个问题还有所顾虑，然而《法义》中的政治家扮演的角色与前者中的并不完全一样。《政治家》认为只有在缺少有知的统治者的情况下，才需要法律来保护城邦；而《法义》则希望依靠法律来建立城邦，并为城邦带来统一①。而到目前为止，法律的界限在于，它没有办法统一一切，不能够让所有事物都成为公共的。因此这样的城邦并不能达到完全的统一；它的统一只能是第二等的。于是，在城邦政府中任职之人共同的职责就是，他们要让法律在城邦中能够决定尽可能多的事情，换句话说——他们要让理智组建城邦成为可能。我们之后将会看到，这种政治体制是发展的，它希望得到所有公民的协作，同时也能适应进步。

《法义》用九卷书确定了有德城邦的蓝图，它精细到了每一步，并且始终带着惊人的周密严谨。继亚特兰蒂斯与《克里提阿》中古雅典的城邦蓝图之后②，柏拉图在《法义》中又以记叙的笔触虚构了一个城邦，读者们会对柏拉图在这个城邦中使用的材料感到十分熟悉，因为它们几乎全部来自雅典。《法义》中的法律，执行官员乃至惯例规章全部以雅典为原型③。然而，仅在个别情况中它们的地位职能会与雅典的相同，绝大部分情况下，对话都用与雅典不同的方式安排这些材料，在柏拉图的城邦里与在雅典城邦中，这些材料扮演着完全不同的角色。《法义》描述的是一片殖民地，它将雅典的诸多材料重新分配，最开始它描述了领土（哪儿是城镇，哪儿是偏远地带），随后话题来到人口上（详细讲述了居民的起源与

---

① 所以在《法义》中，法律不仅仅在没有有知统治者的时候存在。

② 关于古代雅典和亚特兰蒂斯的政治体制"类型"，请参见 Pradeau, 1997a, 页 274—281。

③ Morrow, 1993, 或 Gernet, 1951, 页 xcv—ccvi 中有更多相关的细节，它们还解释了，柏拉图之所以要援引雅典的元素，只是为了更好地将自己的城邦与之区别开。

数量),最后它则描述了政治体制,对政治体制的细节描写占据了卷四到卷十二这一巨大篇幅。

和雅典不一样(雅典是海上帝国与商事强权),《法义》中的城邦是一个非常小的农业城邦,它距海有十五公里或者更远,在陆地之中也孤零零的,它没有任何近邻(卷四,704a-705b)。这片土地是富饶的,但不会过于富饶,它替城邦提供水源和资源。这样它才可能是一个有德的城邦(704d)。从一开始,这个城邦就被看作生命体①,要想实现卓越,它必须满足一些条件——距海洋有一定的距离,并且不拥有过多的资源。

对话中人口学条件的提出,进一步完整了这些地理自然条件:这个生命实体,也就是城邦,只应该拥有一定量的人民,这样它才可以自给自足。这就是对话将公民数量限制在5040户的原因,也就是说土地会被划为5040等份,这5040位耕种者会和他们的家人一同享用属于自己的土地(737c-738a)。平时,几乎每个公民都行使着农民的职责,而当城邦进入战争时,他们又会发挥战士的作用②。

除去共同的农耕职能,公民们还或多或少地会参与进公共生活,譬如承领某些任务,担任行政长官的职务,又或者参与庆典。柏拉图在这里没有将公民划分为不同的功能族群;而是提出,要根据公民的富有程度,将他们划分为四个等级。然而,这种划分方式最显著的特征在于,它的依据虽然是公民的富有程度以及拥有财产的多少,但是其中却存在着某些限制。在这个城邦中,即使是最贫穷的公民也拥有城邦5040分之一的土地,公民们共同享有的土

---

① 从《克里提阿》开始,这种认为城邦是生命体的想法就已经萌发了。在《法义》中,这种想法从对话一开始就出现了,卷一,636e;卷三,701—702。
② 这是与《理想国》非常重要的一个不同:城邦不再拥有专门的战士阶层。全体公民共同承担城邦的战争职能更益于城邦的统一,因为这样城邦本身就成为了自己的壁垒(卷六,779b)。

地数量同时也作为划分不同等级的依据,最富有的等级拥有的财产数量不得超过每份土地的四倍(卷五,744a-745a)。这一点常为人所忽视——比起希腊民主制度,这里的财产等级相对有限。而且,《法义》中规定任何公民都不得拥有金银①,这条禁令加强了城邦的约束。有许多学者指出,《理想国》禁止护卫者拥有私有财产,《法义》却准许每一个公民都拥有私有财产,他们认为这表现出《法义》对实用主义的屈服。然而,在经济活动与商业牟利行为都被禁止的情况下,私有财产又有什么意义呢?此外,每一份私产也无法转让,因为它构成了公共财产的一等份(1/5040)。在《理想国》中,对拥有财产的特别限制规定出现在护卫者阶层,其他群体或许只由政府来斟酌决定(所依凭的根据是他们的职业)②。到了《法义》,情形就完全不一样了,所有家庭共同分有了城邦的领土,且每个家庭都对自己的"份例"有自主权,这种财产分配方式在城邦建立之初就已经确定了,之后不能够被质疑和颠覆③。对于家庭团体而言(以一位公民为中心的家庭),拥有一份财产就意味着归属于城邦,成为城邦的一部分。除了参与进城邦,公民没有别的选择,而且他们也不能用分享到的份例去交换别的东西;当然,这些财产并不是平白无故地分配给公民的,城邦通过这种财产,将各

---

① 城邦公民只能拥有用于交易的流通货币,这种货币在城邦之外不具有任何价值。在这一点上,值得注意,《理想国》只禁绝了护卫者拥有金银。而《法义》则关闭了全体公民富有的可能性。对这一点,可以参见我对《法义》中"经济学"的研究,Pradeau,2000。

② 任何一个拥有1/5040土地的公民都不得从事交易活动。交易是一种低下的活动,只有外邦人和客籍民(即只能在城邦领域内有限期居住的人)会从事,而且交易活动的利益(即支付额与成本价之间的差值)事先就被法律监管者们固定好了。

③ 对话中异常严格的遗嘱法,以及所有与家庭财产流转相关的法律(比如在离婚或财产监护的情况下)都表现出了这一点。这一类的法律占据了对话立法部分相当的篇幅,其目的是十分明确的:对5040户家庭的保持(以及转变)必须万无一失。就像雅典人说的一样:"无论是你自己,还是你所有的这份财产,都不属于你,而属于你的家族,你的先辈以及你的后代;而你的家族以及它的财产又是属于这座城邦的。"(卷十一,923a6-b2;请参阅完整的文段,卷十一,922a-930e)。

个家庭变为自己不可分割的一部分①。因此,这种行为并不是在放任家族自治,相反,这种财产象征着家庭群体是共同体的一分子,而"份例"就是它们的中介。为此,城邦分出了自己的领土,这土地就是家庭享有权利和财产的基础。对城邦而言,最基本的统一,它最小的部分,不是公民,不是某个个人,也不是家庭,而是 1/5040 的领地——在这个基础上,法律才能够保持完整和永恒。这是政治决定的结果,在这样的政策下,家庭总是以维持自己的份例为先。这也不失为一种人口管理工具,这样的管理人民与家庭的方式,能够维护政治统一②。在《法义》中,是共同的出身创造了家庭的共同体,城邦的份地是这种共同体最初的也是最重要的基础③。

《法义》中对财产和家庭的讨论表明,柏拉图决心为这篇对话设立同《理想国》一样的结局,但是这一次,为了达成目的,他使用了更多样的方式。在《法义》中,他不再排斥私有财产与家庭(不再像《理想国》中讨论护卫者时一样),他改变了策略:城邦不再需要借助贫乏来维持自己的永恒;这一回,城邦的公民享有自己的份地,他们在份地中耕作与生活,公民们孜孜不倦的劳作就足以保证城邦的永恒。

因此,每一个家庭都在自己分配到的份地上耕作,这些份地将每个家庭区分开来。他们生活在共同的政治体制之内,熟悉希腊历史的读者一定对这个政治体制中的法律框架备感熟悉。对话中

---

① 参阅卷六,772d-785b,以及卷十一,929e-930e。
② 这一切都与当时雅典城邦奉行的政策相去甚远,譬如,在当时的雅典,公民可以自由地决定结婚还是不结婚,也可以在兄弟会中拥有私人的崇拜,但这些在《法义》的城邦中都是被禁止的,这个城邦只允许公共的宗教,而这种宗教的唯一对象就是城邦本身。
③ 亚里士多德曾经批判过这一点,他认为在遗产上设定限制,而不是在人们身上设定限制,这是荒谬的。关于亚里士多德对《法义》的批判,请参见 Bodus, 1985, pp. 367—72。

的这个政体以雅典的体制为原型,其中也有行政官员(军队的长官、法院的长官或者负责农业的官员),法庭以及议事会(虽然这座城邦的议事会对成员的要求与雅典有些不一样)。然而,随着这个城邦政治体制的全貌渐渐浮出水面,我们的熟悉感也会渐渐消散。因为,在这个城邦中,位于第一位的始终是城邦的统一,法律维护着城邦最初的形式。

《法义》中,城邦最主要的议事机构是三个议事会,其中,议事会成员数量越少,它的权力和它决策的影响力就越大。第一个议事会是所有公民都可以参加的(对话并没有详细讲这种议事会的功能);接下来的这个议事会则只有360人,它被划分为4组,每组有90人(卷六,756b-e)。这360个被挑选出来的人组成了12个轮值执政组(prytaneis)[1]。每个组当值一个月,轮流照看城邦事务(并决定何时召开议会,卷六,758a-d)。在这个流动议会之后,还有一个"夜间议事会"(Nocturnal Council)[2],它之所以有这样的名字,是因为这个议会在每天黎明前聚会,共同为白天的诉讼做准备。这个议会的任务包括做"法律的监管者",充当祭司,以及选拔公民,这些任务非常特别,它们都与"认知"有关:由于公民们会在会议上报告其他城邦的事,所以议员们了解发生在别处的事情;为了在需要的时候进行纠正和改进,议员们要了解他们自己的体制;同时他们还要解决一切关于法律的纠纷和困难。《法义》如是形容夜间议事会的这些议员:"他们的会议和讨论处理的对象总与法律,或者他们自己的城邦有关。"(卷十二,951e5-7)这些夜间议员承担着城邦中最重大的责任,而且归根结底也只有他们能使

---

[1] 关于这个议会所扮演的角色,以及它最早一批被选拔出来的360名公民,只被对话以暗示的方式提及。关于这些执政官员以及议会的细节研究,请参见 Gernet 的简要介绍(1951),以及 Morrow 1993,页155—78 更详细的研究。

[2] 称它为夜晚议事会或许更合适,Brisson 有对这个机构的专门研究(Brisson, 20001,页161—77)。

城邦实现整体的德性(卷十二,962d),但是奇怪的是,《法义》末尾的这几页却并没有确切地讨论他们所拥有权力的性质。要想知道这个最高级别的议会究竟有着怎样的地位,只能去研究它最重要的成员,以及《法义》城邦中最重要的角色:也就是"法律的监管者"。

　　殖民者们将自己选为 37 名法律监管者,他们将是那个城邦真正的建立者(卷六,753a)。对话第一次谈及他们的时候就确切地说过,城邦的建立者也是城邦的公民①。在这里,"监察者"监管着完美,同时他们也是"完美"的作者;他在法律的帮助之下,制作出了这种完美。"法律的监管者"既是建城者,也是城邦的立法者(在这个地方,法律又一次被定义为宪制性的)。在行使这些职能的过程中,他们可以利用行使权力所需要的真正的知识或正确的意见。就像《政治家》所说的,他们的权力指导着其他城邦功能,以及城邦执政官的选择与行动。执政官通常根据他们职责的不同性质,被划分为不同种类(维持秩序、维护城镇与土地、教育),他们经选举或抽签产生,受 37 名监管者的管辖。监管者负责执政官的任命,但是任命的过程中,监管者也必须遵照法律,尤其要遵照关于财产的获取的规章(卷六,754d-755b)。监管者不是法官,他们的职能也不仅仅是施行法律。他们还可以修改、调整法律,甚至可以改变法律,或在某些特殊的领域推行新的法律。这些建议非常引人瞩目(见卷六,769d-772d),它预留下了很可观的空间(但是毫无疑问,未经事先调查和商讨就修改法律是不可取的)——这是因为城邦必然会进步和改变,所以法律的调整与完善也不可避免。在柏拉图的想象中,这是一幅近似物不断发展进步的图景[那么就必须打破单一的执政官,随着城邦的发展,不断用投票的结果来进行纠

---

　　①　在谈话中,柏拉图借一次离题话努力去强调克里尼亚斯,其中一位谈话伙伴,将会成为法律的监管者之一(卷六,753a)。

正与调整］，直到有一天，城邦中的每个团体都能够以它们应当的方式运转（卷六，772）。① 这个时期十分重要，因为它是《法义》中的城邦真正的基础。在此期间，从 37 议员被殖民者们选出，直到整个城邦活物被最终确定——到现在为止，终于有了一部不可改变的法律，通过法律的手段，城邦被建立起来，并拥有了秩序。领土被开垦出来，城镇被建立起来，公民也得到了教育。② 37 名法律监管者政治的任务终于完成了，现在他们的任务只剩下行使城邦建立者的职责了。这也就是为什么，他们的地位开始发生改变，现在城邦已经被赋予了德性，他们也转而成为"夜间议事会"成员。

夜间议事会是《法义》的结果，也是可以预想到的结论。从这篇对话赋予立法的角色来看，理所当然地，当城邦的每一个机构都被尽可能完美地安排时，法律的第一个任务也就随即告一段落了。而留给第一任城邦长官的任务就仅仅是保证城邦中每一个机构都受到了重视，并维持城邦体制的秩序。这个任务落在了议会上——根据德性与智慧的不同，公民各自加入议会，法律的监管者们就任职于此，他们必须比其他人更有智慧，并且更注重德性：因为他们承担着公共教育的职责（卷十二，960e-961c）。城邦中年轻的公民都在努力追求德性与智慧，这说明城邦已经达到了它之前预想的目标。城邦又绕了回来；或者说，这个生命体终于诞生了。通过夜间议事会，城邦找到了自己之前遗失的灵魂：

> 雅典人：那么，在目前的情况下，既然对这片土地的安排已经令人满意地完成了，看起来我们应该给它一些组成部分，这些部分能够理解(a)我们提过的那个目标——政治家的目

---

① 也请参见卷六，768c-e，雅典人解释说立法是一项有待完善的任务。

② 柏拉图在《法义》中设定了一种具有特殊职能的执政官，他们承担着城邦中少男少女的教育，既要负责学校也要负责教学。柏拉图说"在城邦中最高的几种职位中，这是最为重要的一种"（卷六，765e；以及 764c-766d）。

标,不管这个目标究竟是什么,(b)如何达到它,以及(c)哪些法律、哪些人可以给出良好的建议,哪些不可以。

克里尼亚斯:确实如此。

雅典人:那么,我们的城邦有没有哪个机构,或者哪个组成部分可以发挥像保护器官一样的功能呢?我们能不能举出一个来?

克里尼亚斯:不,我并不能保证。不过如果必须举出一个来,我想可能是你刚刚说过的必须在夜间召开的议会。

雅典人:你很好地理解了我的意思,克里尼亚斯。我们目前论证的趋势表明,躯体一定拥有完整的德性……(卷十二,962b4-d3)

理智与感性是灵魂的两个部分或者说两种功能,唯有它们模仿神圣的统一的时候,灵魂的统一才能够尽可能地趋近完美;而城邦一定拥有一个灵魂①。夜间议事会是城邦政体最后的点睛之笔,它让城邦生活处在理智之下。这还依赖于一个前提,即城邦的躯体是非常有秩序的,这样它的灵魂才可以没有后顾之忧地去趋近完美,去行使理智的功能。而城邦体制就是卷十二中城邦蓝图的主要对象,它以人类理智可知的(神圣的)统一,或者说"宇宙的统一"为模型。

宇宙的秩序

《法义》中的城邦是根据数字与运动建立起来的。打从一开始

---

① 对柏拉图而言,灵魂是感性的中心,也是感性的对象。唯有在感官触及灵魂发出信息时,感性才会发生。关于这个问题请参阅《蒂迈欧》,61c-69a。灵魂的第三个,也是最后一个类型(或者说功能),就是在这种信息的传输过程中发挥积极的作用(这可以使得理智控制欲望)。《法义》中灵魂的问题,请参阅 Saunders,1962。

对城邦进行规划的时候,雅典人就说"任何一个制定法律的人,至少要充分理解这一点——什么数字,或者说哪一类数字对城邦而言是最有用的"(卷五,737e7-738a2)。所以说,政治对于数字本身也有着一种兴趣。在《理想国》的卷七已经出现了这种观点——对于城邦未来的统治者而言,数学教育是必不可少的一部分;《政治家》要求政治家掌管尺度(283b-287b),其实也是在暗示这一点。而在《法义》中,尺度和数字被更加形象地表现出来,它们在城邦的蓝图中得到具象化。所以在《法义》中我们可以弄清楚,政治如何使用数字,数字又如何作用于城邦。

在城邦中,有三类事物可以被衡量和数字化:领土、议事会、以及某些公民的运动。而衡量城邦领土的标准并不是领土的区域(因为它受到资源的限制),而是对领土的划分——领土被准确地划分为 5040 块份地[①]。雅典人解释说,之所以选择了这个数字,是因为它可以被最多的除数除尽(卷五,737e-738b);但其实还有一点,这个数字是前 7 个数字(1 至 7)相乘的积。因此,雅典人说,至少有 59 种划分城邦的方法。所以说,对话之所以选择 5040 这个数字,不仅仅是因为它满足了城邦居民不超过 25000 的要求,也不仅仅因为它是一个容易想到的数字,更重要的是,它包容了非常多的划分方式,这些方式意味着城邦元素不同的组织分配方法。柏拉图举出了许多例子,其中最重要的一个就是,将城镇和城镇周边的领土划分为 12 份,每一份都受到一位神的保护。然后他又进行了进一步的划分,即让每一户都有两个寓所,一个在城镇里面,另一个则在相对应的郊区(卷五,745b-2)[②]。这一系列划分,不仅仅与宗教仪式相关,也不只能够使公共生活合理化,它还有着两个政治作用。首先,它似乎模仿了克里斯泰尼(Cleisthenes)对雅典

---

① 领土足够大,可以养活整座城邦就足够了。
② 关于这个问题请参阅 Vidal-Naquet,1986a。

的改革，它将部族划分视为一项政治任务①。其次，从更符合柏拉图观点的角度来说，它使得每一个公民都同时属于城邦的郊区部分和市区部分②。家庭和份地都是城邦不可转让的（不朽）元素，借助它们，柏拉图将每一位公民——不论他是谁——都根据他在城邦中特有的份地来定义。通过议会或执政官，公民或许会以不同的方式与城邦的份例相联系。要么因为他掌管着疆域或城镇中的一块或几块土地，比如像农学家或者天文学家那样（卷六，760a-764c）③；要么是因为他是城邦中占人口十四分之一的那360人中的一员，也就是第一议会的成员。

最后，数字还控制着公民们那些能对城邦秩序产生影响的活动。《法义》不断地提醒我们，多亏了城邦的物质材料，城邦才成为一个运动中的实体。所以，就像克里提阿所说的，协调城邦中不同的运动是非常关键的。而如果城邦是圆环形的，就大大地简化了这项工作，因为城邦可以用同心圆周运动（同时还要将留给诸神与祭台的份地安排在城邦的中心）来将不同的运动速度相互关联。这也就是立法者安排公民们旋转的原因。农学家和工匠会依照一个精准的历法，从城邦的一个部分挪到另一个部分；而普通的公民则在他们的两个寓所之间来回移动。和老话说的不一样（"有两所房子的人，头脑也有两个大"），环形的移动与在城镇郊区间交替的

---

① 克里斯泰尼生活在公元前五世纪末，是伟大的雅典的改革者，在希罗多德和亚里士多德看来，他是雅典民主真正的创造者。据说他改变了部族制度，他设立了一百多个"区"（demes），又将它们划分进30个相等的"三分区"（trittyes），最后每三个三分区一组共组成了10个部落。关于这次改革，以及其他关于市民的改革，请参见Leveque 与 Vidal-Naquet, 1996。

② 这一举措是要保证农业区和城区对应地发展。克里斯泰尼的改革并没有这么激进，但其中也有具有相似效果的举措——每三个"三分区"（trittys）组成一个部落，它们分别来自城镇，内陆和海洋。

③ 比如，12个区中的每个区都要募集五位农学家，再从区内为他们挑选12名学徒来协助他们。然后在一年的时间内，每个小组要研究12块领土，这样才能够了解它们（他们之中最杰出的人之后可能会被选为领土的监管者）。

移动相结合，于是所有公民都可以问津城邦的所有领土。就这样，当时雅典所受的城镇与郊区对立的困扰，在《法义》的城邦中就烟消云散了。

我们已经看见，通过数字，公民的活动（或者说运动）能够与城邦，以及进行活动的区域相互协调。数字的作用就是进行限制，并且替那些不完全的，难以控制的对象设定秩序（人类的行为，还有领土的区域）。数字构成了一种工具，它能够保证"变动"可以有秩序地进行。在这个角度上说，数字拥有和法律一样的功能，这也是城邦的创制性法律需要借助于数字的原因。法律的意图并非不惜牺牲个人，来规定一些普遍的准则。相反，法律希望找到一种方式，能够同时赋予单一的元素与复合的元素以秩序：这就是法律需要计算的原因①。

城邦利用几何学与算术来建立某种秩序，并赋予流变的质料以稳定性——这其实受到了《蒂迈欧》中宇宙论的启发。因为塑造城邦的工匠始终将塑造世界的神当作模范：政治的造物主模仿着宇宙造物主，而且二者的产品十分相似。《法义》中的圆形城邦以某种方式展现了球形的宇宙。前者也以圆为界限，并借助圆周运动，将有限的材料包容起来，并赋予它们秩序。当然二者还有其他的相似之处，最重要的一点就与数字有关：譬如，城邦是 5040 块份地的组合体，这会让我们想起《蒂迈欧》中的造物主创造宇宙身体的方式。造物主将四种元素合在一起组成了宇宙（它们须要遵照一定的比例关系才可以组成一个统一体，31b-32c），而《法义》中的城邦也是由四个阶层的公民组成的（因为每一份地的价值，公民的富裕程度之间才有可能存在比例关系——若不说是在公民之间的比例关系的话）。

最后，在模仿宇宙这个生命体的过程中，政治生命体追求的是

---

① 参阅卷五,737e 及以下，与卷六,757a 及以下。

自给自足和平衡——为此,它努力协调自己的各个部分,让它们尽可能地达到完美的状态。我们现在所讨论的政治生理学由《克里提阿》第一次提出:《法义》中的城邦,采取了工匠神所造物的框架——也即是宇宙的框架。利用宇宙论的好处在于,它可以清楚准确地找到创造世界所需要的元素及力量分别是什么:一个神圣的理性或智能去控制难以驯服的必然性,从而将最完美的秩序尽可能地安置于基本材料上。政治造物主也扮演着相类似的角色,他也在一定的条件之下,借理性创造出一件编织物——但是如同《法义》的对话者认识到的,这可能不会全部一下子实现。

在这里,关于城邦的认知与《蒂迈欧》中对宇宙的认知具有相同的认识论地位:该知识为了解释现实,以一个合情虚拟的模型为前提,这个模型又建立在一定数量的公理的基础上①。这些在《法义》第十卷得到了非常清楚的表现,就像 G. Naddaf 所说的,该卷是这篇对话的"基石"②。《法义》在谈话中建立的体制一定要顺应自然,也就是说,像柏拉图自己理解的一样,体制一定要顺应"所有事情生成和毁灭的首要动因",也就是灵魂(卷十,891e5-6)。在城邦的建立中,城邦的体制和法律能够顺应自然的前提是——城邦的秩序正是宇宙所表现出来的自然秩序。卷十中讨论诸神的关键性章节就确立了这一点。非常独特的地方在于,柏拉图采取了宇宙论的论证方式③。对于《蒂迈欧》的读者而言这并不稀奇——这意味着,《法义》分享了《蒂迈欧》中对宇宙的理解,即宇宙是一个既拥有灵魂也拥有躯体的生命整体。当雅典人宣称"比起躯体,灵魂是运动的更为优先的原因"时(尤其在 893a),他是在呼应《蒂迈欧》。《法义》只保留了《蒂迈欧》宇宙论的几个主要特点:组成宇宙

---

① 请参见 Brisson 译著的《蒂迈欧》序言。
② 诸神的存在,以及认为灵魂是不朽的和有理智——构成了《法义》整个写作的两个前提。请参见 Naddaf,1992,页 446 以及第七章。
③ 请参见 Naddaf,1992,页 439,以及 Brisson,1995。

躯体的四元素(891c),宇宙遵照的生灭物理规律(891e),元素与宇宙各个部分的相互转换(893b-895b)的真正动因是灵魂的运动(894-895b)。《蒂迈欧》所述的宇宙秩序可以在一种动力理论中得到解释:生灭都是"形成",而且"思想"也是一种运动①。《法义》也强调了这一点,它认为十种运动背后的本原都是灵魂(895b3-4)。这种宇宙论的优先地位一方面可以反对"无神论的"生理学家,另一方面也为神圣性的优先地位提供了支持。从宇宙的逻辑(世界被理智赋予了秩序)到对宇宙的认知(或者说认识论,即世界可以被理智理解),我们画了一个完整的圆。政治体制要以宇宙理智的思想(以及圆周运动)为自己的模型,它才有机会去追求卓越。这就是为什么,必须根据最好的运动(圆周运动)来安排和组织政治体制——唯有这样,它本身就像《阿尔喀比亚德前篇》中所敦促的那样,尽力去靠近、成为神圣("homoiôsis theô")②。这也是为什么,天文学拥有异常高的政治地位——《理想国》已经有所暗示③,这种知识可以使人的知识、对城邦的统治与宇宙的秩序相结合。政治造物主通过天文学的秩序才使得自己与宇宙造物主变得相似;另外,自《高尔吉亚》后④,柏拉图也开始表示,至少在实用的意义上,这种特殊的知识是一种对自然的了解(对世界性质的了解)。

但是,关于城邦政治虚构的一个重要特点在于,它表现出了一种知识,这种知识不但可以进行创造和生产,还可以介入自己对象

---

① 柏拉图"物理学"主要的论题是躯体的元素(以及几何)构成,它们的运动以及运动所造成的状态。《蒂迈欧》详细讲述了这些问题。对此的阐释可以参见 Brisson,1998b 以及 O'Brien,1984。最后,我自己也有对柏拉图"物理学"的局部研究,Pradeau,1995。

② 这种"与诸神同化",对中期柏拉图主义与新柏拉图主义还有很大的影响,请参阅《泰阿泰德》,176b 以下,《理想国》,卷六,500a 与卷十,613a,以及《法义》,卷四,716a-b。

③ 卷九,592a-b。

④ 507e-508a。

的生成过程;政治是一种技艺。这就是为什么,归根结底,它的地位与宇宙论并不一样,宇宙论是它的先例,也是它的理论支撑,而不仅仅是它的模型;就像克里提阿在介绍他未完成的故事时说的:

> 蒂迈欧,其实人们对有死的听众谈论诸神会更简单。当听众对他们将要听见的主题缺乏经验而一无所知时,会给演讲者带来极大的便利。(《克里提阿》,107a-b4)

《法义》又对此进行了补充:即便它所创建的城邦是虚构的,但从虚构到现实的物理转化过程来看,其目的归根结底仍是政治的①。到最后,我们可以看见,比起政治,宇宙论是一种更合适的知识,因为,对后者来说一种貌似合理的表达就足够了;而前者却必须要提供对自己对象的充分理解,它才能够领导对象的转换。

如果要将城邦转变为现实,就必须真正地理解它。每一篇对话都在重复这个哲学诉求,而在《法义》中,它则变成了统治的基本原则。通过夜间议事会,城邦开始自己促成自己的转变。如果城邦想要体现出有知统治的功用,它就必须表现出一种足以进行统治的理智。城邦中必然有某个部分是从事思考的。夜间议事会存在的原因在于,它是"从事统治的理智",它必然是领导着城邦生命整体的,如果没有这个机构,城邦将会同时失去它的感性和它的理智(962c)②。但是为什么这种理智直到最后才登上舞台呢③?为什么它没有更早一些介入呢,比如在宇宙论解释中,甚至在人类的起源说中——在这些时候,它也能够通过为自己的材料加上规律

---

① 《克里提阿》对政治进行了批判,《法义》则给出了可以在现实中实现的貌似可行的体制与法律。
② 参阅 Saunders,1962。
③ 如同 Neschke 所说,如果认为理智已经被立法者以秩序的形式表现出来了:即理智就是法律——那么这个问题就不存在了。

的运动,从而结束混乱?原因在于,和在人类的躯体中一样,城邦灵魂的最高功能(也即理智),也只能行使一种固定的秩序;而且当物理材料还充满变化,带来混乱的时候,灵魂不能发挥作用(就像人的幼年时期一样,孩童也需要时间去学习如何控制自己的身体)①。因此,对于任何生命体而言,都有必要以这种方式将身体和灵魂联系在一起,以保证灵魂能够控制身体的运动;唯有这样,灵魂才能够行使它的理智功能。所以,显而易见,唯有当城邦已经按照这种方式被安排好了之后,城邦灵魂才能够行使自己的双重功能,也即理解与运动②——这时才能设立夜间议事会。当城邦按照法律定下的规则开始运转之后,议会才会承担起自己的职责。这些规则与公民的教育有关,也与法律的目的相关(964c)。因此在法律中,说服(这个先于法律的序言承担着这项任务)、解释以及教育都是必不可少的。法律得到了完善之后,法律的监管者的任务才会变成管理城邦,以及为城邦建言——这样城邦才有可能达到完全的德性。

当城邦拥有了这种理智,它就可以得益于天穹,找到使所有存在物有秩序的原则。《法义》中的城邦最后成为了自己变化的推动者,这一点也不会令人感到意外,它拥有知识(也拥有灵魂和理智),同时还是自己运动的创造者(它的位置不动,但它会绕轴自转)。城邦理解并控制自己,最后使得柏拉图对话对个人的要求得以实现:每个人都能发挥自己天赋的潜力。城邦利用自己的理智,去理解宇宙秩序的理智原则,并将这种原则作为自己行为的准则:这是城邦的哲学化。

对于人类事务,柏拉图采取的定义方式并不是简单地将它分

---

① 请参阅《蒂迈欧》中的解释,42e-44b,关于不受灵魂控制的生命体的状态,它和《法义》最后几页所说的几乎完全一样。

② 如同对话中最后一段关于夜间议事会的描述(卷十二,966c-968a)。

为事件、人物、对象和活动;他将它们聚集起来,并将它们组合在一个单一的系统(sustêma)中。《法义》描绘了这个系统的秩序与条件。这篇最后的柏拉图对话,没有表现出任何对"现实"局限的倒退或屈服,反而,它彰显出真正奠基性的哲学与政治抱负:它将哲学的权力延伸到所有城邦事物以及人类事务上。从认识论的角度看,柏拉图政治科学的抱负自《政治家》开始萌芽,最终在《法义》中实现——这不是一个属于不同知识种类的体系,而是一个属于现实的体系。之所以这个体系被表现为 politeia(政制),是因为,城邦是实现人类卓越唯一的疆域,也是它唯一的主题。正是因为此种卓越就在于对"是者"(What is)这一问题的理解之中,城邦才预设了由那些知道事物之所是的人——也就是哲人——来开展的自然探究。城邦并不是自然状态,亦非家庭或放牧。对存在者的公共生活而言,什么才是最为合适的——经过了对这一问题的理智研究,城邦才作为一种"体制"秩序被生产出来。柏拉图没有选择通过继续三联剧《蒂迈欧》《克里提阿》《赫莫克拉底》来完成这个体系的蓝图,因为三联剧将宇宙、人与城邦分为了三篇独立的对话。相反,他决定仅以一篇对城邦的描写来实现这张蓝图——城邦成为了真理的唯一地点,也成为了柏拉图哲学理论的目标。《法义》建构了第一个关于城邦的系统性哲学。

结　语

在柏拉图的对话中,政治的对象即是城邦,政治的目标就是达成城邦的统一。没有一篇对话放弃了这张蓝图,它们的观点完全是哲学性的,因为它们总是针对着本性进行探究,唯有真正理解事物本身的人,才可能进行这样的探究——也就是说,唯有哲学家可以进行这样的探究。在将城邦变为一个物理意义上的生命实体的过程中,柏拉图选择在生理学(或者说物理学)的框架内展开自己的研究,他将两件事情联系起来:关于自然的知识与政治事务的知识——他的后继者们(亚里士多德是第一位这么做的后继者,也是其中最重要的一位)却往往将它们断然分开。但是,这并不能证明政治科学不应该研究城邦的本质,以及什么才是对城邦最有益的。政治生理学并不是政治自然主义,当柏拉图证明,政治共同体并不仅仅是一群人的简单集合,而应有一部分人来发号施令,这一点就已被不攻而破了。城邦并不是一种自然的状态,它不像兽群,也不是家庭;在对公共生活中符合所有人的最大利益进行理智的研究之后,我们才可以得到它,它是一种体制性的秩序。柏拉图之所以会认为所有现实的政治团体都是失败的,正是因为他相信,政治的团结并不是现成的,它需要被创造出来。另一方面,在柏拉图的政治思想中,即便城邦将人们聚集在一起,并在其中施展着某种权力,也不应为了秩序与统治,牺牲思想与德性。认为人类天性就是软弱而无药可救的——这种观点显然不属于柏拉图。人类天性中的不完美不能阻止人们相信,会有一种更好的公共秩序来主导他们的生活,也不能阻碍人们渴求知识——正是知识,提供给人们唯一一条获得这种公共秩序的途径。

  发生于公元3世纪至5世纪的新柏拉图主义运动,致力于统一柏拉图主义的世界,但是他们选择从迥异于对话方式的理论观点出发,而且还站在了柏拉图政治主张的对立面上。柏拉图的哲学系统建立在可理解的现实以及完全的理性的统一上,直到现代(理性主义者)才找到回响。或许霍布斯或斯宾诺莎的政治论文会与柏拉图的对话相投契,这不仅仅是因为它们都来自相同的"政治哲学"传统。相反,更根本的原因在于,这些拥有一贯的概念框架的作品本身拒绝将政治问题降低到可能性与辅助性的高度,它们将政治共同体视作真理与人类完美的唯一容身之所,所以,归根结底,政治就是哲学理论的终极目标。在这个意义上说,无论是现代的作品,还是柏拉图的作品,都是城邦的哲学。

参考文献

参考文献包括正文提及的研究著作,另外,也包括其他柏拉图学者的重要相关文献。请参考 Bibiographie platonicienne,由 *Lustrum* 期刊每五年刊发一次:H. Cherniss 编辑的两期(*Lustrum* 第 4、5 期,1959 和 1960 年);自 1977 年以来,由 L. Brisson 编辑的数期(*Lustrum* 第 20、25、26、30 和 34 期);以及 1999 年由 Vrin 编辑的新近出版的一期(1990—1995)。

书目索引中刊印了所有相关著作的完整信息,而本书其他地方则只有简写形式(作者、出版日期、引用页码)。

Annas, J., "Plato", in *Greek Thought. A Guide to Classical Knowledge*, J. Brunschwig and G. E. R. Lloyd (eds), translated by C. Porter, Cambridge, Mass./London, Harvard University Press, 2000, pp. 672—92.

Annas, J. and C. Rowe (eds), *Perspectives on Plato, Modern and Ancient*, Cambridge, Mass., Harvard University Press, forthcoming.

Badiou, A., "L'Outrepassement politique du philosophe de la communauté", in *Politique et modernité*, Paris, Osiris, 1992, pp. 55—67.

Baltes, M., "Plato's School, the Academy", in *Hermathena*, University of Dublin, 155, 1993, pp. 5—26.

Bambrough, J. R. (ed.), *Plato, Popper and Politics*, Cambridge, Heffer, 1967.

Benson, H. H., *Socratic Wisdom: the Model of Knowledge in Plato's Ear-*

ly *Dialogues*, Oxford, Oxford University Press, 2000.

Bertrand, J. -M. , *De l'écriture á l'oralité*. *Lecture des* Lois *de Platon*, Paris, Publications de la Sorbonne, 1999.

Bizos, M. , *Lysias*: *Discours II* , edition and translation, Paris, Belles Lettres, 1926.

Bobonich, C. , "Persuasion, Compulsion, and Freedom in Plato's *Laws*", in *Classical Quarterly*, 41, 1991, pp. 365—88.

Bodéüs, R. , "Pourquoi Platon a-t-il compose les *Lois*?", in *Les Etudes Classiques*, 53, 1985, pp. 367—72.

Bordes, J. , *Politeia dans la pensée grecque jusqu'à Aristote*, Paris, Belles Lettres, 1982.

Brisson, L. , "De la philosophie politique à l'épopée, le *Critias* de Platon", in *Revue de métaphysique et de morale*, 75, 1970, pp. 402—38.

Brisson, L. , " Les listes des vertus sans le *Protagoras* et dans la *République*", in P. Demont (ed.), *Problèmes de la morale antique*, Amiens, Faculté des Lettres d'Amiens, 1993, pp. 75— 92.

Brisson, L. , "Une comparaison entre le livre X des *Lois* et le *Timée*", in *Le temps philosophique* (Université de Paris-X Nanterre), 1, 1995, pp. 115— 30.

Brisson, L. , "La notion de *phthonos* chez Platon", in *Recherches sur la philosophie et le langage*, 18, 1996, pp. 41—59.

Brisson, L. and M. Canto-Sperber, "Zur socialen Gliederung der Polis (Buch II, 372d-IV, 427c)", in O. Hoffe (ed.), *Platon, Politeia*, Berlin, Akademie Verlag, 1997, pp. 95—117.

Brisson, L. , *Plato the Myth Maker*, translated by G. Naddaf, Chicago/London, University of Chicago Press, 1998a.

Brisson, L. , *Le Même et l'Autre dans la structure ontologique du Timée de Platon*, Sankt Augustin, Academia, 1998³ b.

Brisson, L. , "Interprétation du mythe du *Politique*", in *Lectures de Platon*, Paris, Vrin, 2000a, pp. 169—205.

Brisson, L., *Platon: Timée-Critias*, Paris, Flammarion, 2000⁴ b.

Brisson, L., "Le Collège de veille (*nukterinòs súllogos*)", in F. L. Lisi (ed.), *Plato's* Laws *and its historical significance. Selected Papers of the* 1ˢᵗ International Congress of Ancient thought, Salamanca, 1998, Sankt Augustin, Academia, 2001, pp. 161—77.

Brunschwig J., "Platon. La *République*", in F. Chatelet, O. Duhamel and E. Pisier (eds), *Dictionnaire des œuvres politiques*, Paris, PUF, 1986, pp. 638—52.

Burnyeat, M. F., "Sphinx Without a Secret", in *New York Review of Books*, 30 May and 10 October 1985.

Cambiano, G., *Platone e le tecniche*, Rome/Bari, Laterza, 1991².

Cherniss, H., "The relation of the *Timaeus* to Plato's later dialogues", in R. E. Allen (ed.), *Studies in Plato's Metaphysics*, London, Routledge and Kegan Paul, 1965, pp. 339—78.

Cooper, J. M., (ed.), *Plato: Complete Works with Introduction and Notes*, Indianapolis/Cambridge, Hackett, 1997.

Dixsaut, M., "Une politique vraiment conforme à la nature", in C. J. Rowe (ed.), *Reading the* Statesman. *Proceedings of the* III *Symposium Platonicum*, Sankt Augustin, Academia, 1995, pp. 253—273.

Dodds, E. R., *Plato, Gorgias*, Oxford, Clarendon Press, 1959.

Dombrowski, D. A., *Plato's Philosophy of History*, Washington, University Press of America, 1981.

Ferrari, G. R. F., "Strauss's Plato", in *Arion*, 5.2 (1997), pp. 36—65.

Festugière, A. J., *Commentary on the* Timaeus, 5 vols, Paris, Vrin, 1966—68.

Finley M. I., *Democracy Ancient and Modern*, London, Chatto and Windus, 1973.

Gernet, L., Introduction to the *Laws*, Paris, Belles Lettres, 1951, vol. 1, pp. xciv—ccvi.

Gill C., "The Origin of the Atlantis Myth", in *Trivium*, 11, 1976, pp. 1—

11.

Gill C., "The Genre of the Atlantis Story", in *Classical Philology*, 72, 1977, pp. 287—304.

Gill C., "Plato and Politics, the *Critias* and the *Politicus*", in *Phronesis*, 24, 1979, pp. 148—67.

Gill, C., *Plato: Timaeus 17—27 and Critias*, introduction and translation, Bristol, Bristol Classical Press, 1980.

Gill, C., "Rethinking Constitutionalism in the *Statesman* 291—303", in C. J. Rowe (ed.), *Reading the* Statesman. *Proceedings of the* III *Symposium Platonicum*, Sankt Augustin, Academia, 1995, pp. 292—305.

Gill, C., "Protreptic and Dialectic in Plato's *Euthydemus*", in T. M. Robinson and L. Brisson (eds), *Plato: Euthydemus, Lysis, Charmides: Proceedings of the V Symposium Platonicum, Selected Papers*, Sankt Augustin, Academia, 2000, pp. 133—43.

Guthrie, W. K. C., *A History of Greek Philosophy*, Cambridge, Cambridge University Press, 1969, vol. 3.

Hansen, M. H., *The Athenian Democracy in the Age of Demosthenes. Structures, Principles and Ideology*, translated by J. A. Crook, Oxford, Blackwell, 1991.

Hanson, V. D., *The Western Way of War, Infantry Battle in Classical Greece*, Berkeley, University of California Press, 2000^2.

Hegel, G. W. F., *Reason in History*, translated by R. S. Hartmann, Library of Liberal Arts, Bobbs-Merill, Indianapolis, 1953.

Jacoby, F., *Atthis. The Local Chronicles of Ancient Athens*, Oxford, Clarendon Press, 1949.

Joly, H., *Le renversement platonicien: Logos, Episteme, Polis*, Paris, Vrin, 1985^2.

Kahn, C. H., "Plato's Funeral Oration: the Motive of the *Menexenus*", in *Classical Philology*, vol. LVIII, 4, 1963, pp. 220—34.

Kahn, C. H., "Drama and Dialectic in Plato's *Gorgias*", in *Oxford Studies* in *Ancient Philosophy*, 1, 1983, pp. 75—121.

Kahn, C. H. , *Plato and the Socratic Dialogue: the Philosophical Use of a Literary Form*, Cambridge, Cambridge University Press, 1996.

Kerferd, G. , *The Sophistic Movement*, Cambridge, Cambridge University Press, 1981.

Klosko, G. , *Plato's Political Theory*, New York/London, Methuen, 1986.

Lane, M. , "A New Angle on Utopia: the Political Theory of the *Politicus*", in C. J. Rowe (ed.), *Reading the* Statesman. *Proceedings of the* Ⅲ *Symposium Platonicum*, Sankt Augustin, Academia, 1995, pp. 276—91.

Lane, M. , *Method and Politics in Plato's* Statesman, Cambridge, Cambridge University Press, 1998.

Levêque, P. and P. Vidal-Naquet, *Cleisthenes the Athenian*, translated by D. Ames, Atlantic Highlands, New Jersey, Humanities Press, 1996.

Lisi, F. L. , *Einheit und Vielheit des platonischen Nomosbegriffes: eine Untersuchung zur Beziehung von Philosophie und Politik bei Platon*, Königstein/Ts. , A. Hain, 1985.

Lisi, F. L. , Introduction to Spanish translation of *Platon: Leyes*, Madrid, Gredos, 2 vols, 1999.

Lisi, F. L. , "Les fondements métaphysiques du *nomos* dans les *Lois*", in *Revue philosophique*, 190, 2000, pp. 57—82.

Loraux, N. , *The Invention of Athens*, translated by A. Sheridan, Cambridge, Mass. /London, Harvard University Press, 1986.

Loraux, N. , *L'invention d'Athènes. Histoire de l'oraison funèbre dans la 'cité classique'*, Paris, Payot, 1993².

Matthews, G. , *Socratic Perplexity and the Nature of Philosophy*, Oxford, Oxford University Press, 1999.

Morrow, G. R. , *Plato's Cretan City, A Historical Interpretation of the Laws*, Princeton, Princeton University Press, 1993².

Mossé, C. , *Politique et société en Grèce ancienne. Le modele athénien*, Paris, Aubier, 1995.

Naddaf, G. , *L'origine et l'évolution du concept grec de phusis*, Leweston/Queenstown/Lampeter, E. Mellen Press, 1992.

Neschke, A. (A. B. Hentschke-Neschke), *Politik und Philosophie bei Plato und Aristoteles. Die Stellung der Nomoi im platonischen Gesamtwerk und die politische Theorie des Aristoteles*, Frankfurt-am-Main, Klostermann, 1971.

Neschke, A. , *Platonisme politique et théorie du droit naturel*, vol. 1, Louvain, Bibliothèque philosophique de Louvain, 1995.

O'Brien, D. , *Theories of Weight in the Ancient World*, vol. II, *Plato, Weight and Sensation*, Paris/Leiden, Belles Lettres/E. Brill, 1984.

Owen, G. E. L. , "The Place of the *Timaeus* in Plato's Dialogues" (1953), in R. E. Allen (ed.), *Studies in Plato's Metaphysics*, London, Routledge and Kegan Paul, 1965, pp. 313—38.

Pappas, N. , *Plato and the Republic*, London, Routledge, 1995.

Penner, T. , "Socrates and the Early Dialogues", in H. Krant (ed.), *The Cambridge Companion to Plato*, Cambridge, Cambridge University Press, 1992, pp. 121—69.

Piérart, M. , *Les Lois. Platon et la cité grecque. Théorie et réalité dans la constitution des Lois*, Brussels, Académie Royale de Belgique, 1974.

Popper, K. , *The Open Society and its Enemies*, vol. 1, London, Routledge and Kegan Paul, 1945.

Pradeau, J. -F. , "Être quelque part, occuper une place. *Topos* et *Khôra* dans le *Timeé*", in *Les Études Philosophiques*, 3, 1995, pp. 275—299.

Pradeau, J. -F. , *Le monde de la politique. Sur le récit atlante de Platon, Timée (17—27) et Critias*, Sankt Augustin, Academia, 1997a.

Pradeau, J. -F. , *Platon: Ménexène*, translated by L. Méridier, Introduction and notes by J. -F. Pradeau, Paris, Belles Lettres,1997b.

Pradeau, J. -F. , *Platon, Critias*, translation and commentary, Paris, Belles Lettres, 1997c.

Pradeau, J.-F., *Platon et la Cité*, Paris, Presses universitaires de France, 1997d.

Pradeau, J.-F., *Platon, Gorgias*, translation by A. Croiset, introduction and notes by J.-F. Pradeau, Paris, Belles Lettres, 1997e.

Pradeau, J.-F., 'L'âme et la moelle. Les conditions psychiques et physiologiques de l'anthropologie dans le *Timée* de Platon', in *Archives de philosophie*, 61, 1998, pp. 489—518.

Pradeau, J.-F., *Platon*, Paris, Ellipses, 1999.

Pradeau, J.-F., 'Sur les *lots* de la cité de *Lois*. Remarques sur l'institution des *kleroi*, *Cahiers Glotz*, XI, 2000, pp. 25—36.

Pradeau, J.-F., *Platon, Alcibiades*, translation by C. Marbœuf and J.-F. Pradeau, introduction and notes by J.-F. Pradeau, Paris, Flammarion, GF, 2002².

Robin, L., "Platon et la science sociale", in *Revue de métaphysique et de morale*, XX, 1913, pp. 211—15 (reprinted in Robin L. *La pensée hellénique des origines à Epicure*, Paris, PUF, 1941).

Rowe, C.J. (ed.), *Reading the* Statesman. *Proceedings of the* III *Symposium Platonicum*, Sankt Augustin, Academia, 1995a.

Rowe, C.J., *Plato: Statesman*, translation and commentary, Warminster, Aris & Phillips, 1995b.

Rowe, C., "Socrates" and "The *Politicus* and Other Dialogues" in C. Rowe and M. Schofield (eds), *The Cambridge History of Greek and Roman Political Thought*, Cambridge, Cambridge University Press, 2000, pp. 164—89, 233—57.

Samaras, A., *Plato on Democracy*, Bern, Peter Lang, 2002.

Saunders, T.J., "The structure of the Soul and the State in Plato's *Laws*", in *Eranos*, 60, 1962, pp. 37—55.

Saunders, TJ., *Plato: The Laws*, translation and introduction, Harmondsworth, Penguin Classics, 1970.

Saunders, T.J., *Plato's Penal Code. Tradition, Controversy and Reform in Greek Penology*, Oxford, Clarendon Press, 1991.

Sayers, S. , *Plato's Republic : An Introduction*, Edinburgh, Edinburgh University Press, 1999.

Schmid, W. T. , *On Manly Courage : a Study of Plato's Laches*, Carbondale/Edwardsville, Southern Illinois University Press, 1992.

Schofield, M. , "Approaching the *Republic*" and "Plato and Practical Politics" in C. Rowe and M. Schofield (eds), *The Cambridge History of Greek and Roman Political Thought*, Cambridge, Cambridge University Press, 2000, pp. 190—257, 293—302.

Schöpsdau, K. , Translation and commentary of Plato's *Laws* (I - III), *Platon : Nomoi* I - III *(Gesetze)* ; *Übersetzung und Kommentar*, Göttingen, Vandenhoeck &. Ruprecht, 1994.

Smith, A. , *The Theory of Moral Sentiments*, 1790[6], Oxford, Oxford University Press, 1976.

Stalley, R. , *An Introduction to Plato's Laws*, Oxford, Blackwell, 1983.

Strauss, L. , *The City and Man*, Chicago, University of Chicago Press, 1964.

Vegetti, M. and M. Abbate (eds), *La Repubblica di Platone nella tradizione antica*, Napoli, 1999.

Vernant, J.-P. , *Myth and Society in Ancient Greece*, translated by Janet Lloyd, New York, Zone Books, 1988.

Vidal-Naquet P. , " Hérodote et l'Atlantide : entre les Grecs et les Juifs. Réflexion sur l'historiographie du siècle des lumières", in *Quaderni di Storia*, 16, July-December 1982, pp. 3—76.

Vidal-Naquet, P. , "A Study in Ambiguity : Artisans in the Platonic city", in *The Black Hunter*, translated by A. Szegedy-Maszak, Baltimore/London, The Johns Hopkins University Press, 1986a, pp. 224—48.

Vidal-Naquet, P. , "Athens and Atlantis : Structure and Meaning of a Platonic Myth", in *The Black Hunter*, translated by A. Szegedy-Maszak, Baltimore/London, The Johns Hopkins University Press, 1986b, pp.

263—84.

Vidal-Naquet P., "L'atlantide et les nations", in *Représentations de l'origine. Littérature, histoire, civilisation*, Cahiers CRLHCIRAOI, 4, 1987, Université de la Réunion (reprinted in *La démocratie grecque vue d'ailleurs*, Paris, Flammarion, 1990, pp. 139—159).

Vlastos, G., "Isonomia", in *American Journal of Philology*, 64, 1953, pp. 337—66 (reprinted in *Platonic Studies*, Princeton 1981^2, pp. 164—203).

Vlastos, G., *Socrates, Ironist and Moral Philosopher*, Cambridge, Cambridge University Press, 1991.

Vlastos, G., M. F. Burnyeat (ed.), *Socratic Studies*, Cambridge, Cambridge University Press, 1994.

附录

英译本序言

克里斯托弗·吉尔（Christopher Gill） 撰
陈宁馨 译 陈哲泓 校

本书是普拉多《柏拉图与城邦》（*Platon et la cité*）修订增补版的英译，原书于1997年在法国首次刊行。那么，这本书会给英语读者们带来什么呢？

首先，如同书名所表明的，本书既是对柏拉图一个特定主题的研究——城邦或政治共同体——也是对柏拉图政治思想整体的一个导论。其行文清新而非学究气；它囊括了与该主题相关的对话的总结，也摘取了关键段落进行翻译；所有古希腊术语也得到翻译。因此，它对古希腊哲学与政治理论中的一个重大主题，给出了平易近人的研究，无论对于广大学生、研究者或者普通读者而言都是如此。

但是，此书在处理该主题也有独到之处。普拉多任教于巴黎十大，被公认为最有天赋和原创性的青年柏拉图学者之一。他有一本关于亚特兰蒂斯神话的大部头专著，同时也编辑整理了四部柏拉图对话（翻译和笺释）。此书提供了一个有利的视角，让我们得以进入对柏拉图的一种整体而系统性的诠释，而这种解读方法在当代法国的同侪中也十分流行。

或许更充分地挑明普拉多的进路如何有别于英语柏拉图研究者,会更有帮助。自二战以来,英语学界的柏拉图研究有两个关注点。第一个问题是柏拉图对民主政治的态度,第二个问题是柏拉图的思想是如何发展,特别是在《理想国》以后的晚期著作中。

反对法西斯和极权主义的卡尔·波普尔,曾引人瞩目地将柏拉图形容为"开放社会的敌人"。对柏拉图是否为民主制之敌的论辩,渗透在战后的柏拉图研究,特别是《理想国》研究中。对法西斯在20世纪30年代兴起的另一种回应,突出地表现在列奥·施特劳斯的作品中。这位德国流亡者的作品有着巨大的,尽管是争议性的影响——尤其在美国。施特劳斯主张,柏拉图在《理想国》中想要传达的是,哲学家们并不能在政治生活中有什么实质性影响,他们应该更专注于纯粹地探究真理。这一层信息(据施特劳斯说)是以一种隐晦的、自我隐藏的书写风格进行传达的,只有经过特别训练的学者才能够破解。美国右派知识分子挪用对柏拉图的这种施特劳斯式解读,以此来为他们拒斥美国社会改进的政治规划背书。

在过去的50年间,英语世界的柏拉图研究者的另一个关注点,是所谓的柏拉图晚期思想发展。《理想国》已经被视为柏拉图乌托邦理想主义的经典文本。其中所勾勒的政治结构(以哲人王为中心),被看成是柏拉图想在现实生活中实现的政制蓝图。而他晚期作品,比如《政治家》、《蒂迈欧》—《克里提阿》和《法义》,柏拉图则被认为是已经逐渐地相信,这份蓝图永远得不到实现。因此他转向一种更加宪制性的模式(法律约束的城邦),尽管他也承认,相对于《理想国》的理想城邦而言,这仅仅是"次好的"。

普拉多的著作与这两种学术倾向都形成了令人欣喜的对照。在他的书中,一个关键议题——与这两种倾向都相关——就是,柏拉图的政治哲学并非首要地集中于政体思想上(包括对民主政体的思考)。柏拉图所试图去界定的是一些核心观点,它们适用于全部政体下的政治生活,并且,它们对非政治的生活也意义重大。这些观点中最重要的是,政治是——或者说应当是——一种技艺或工艺,一种知识形式,它奠基于客观原则之上。这种技艺的中心任务是,创造一个真正统一的共同体;相反,若没有这种技艺,任何共同体都不能达致一个真正的整体。

正如普拉多指出的,这意味着,说柏拉图是个亲民主或反民主派,跟说他是个亲斯巴达派(他经常被这么认为)、亲贵族派乃至亲君主派,其实差别不大。这并不是要否认柏拉图对话中确实蕴含着一些对雅典民主的看法或回应。普拉多颇有启发地向我们展示了,柏拉图的《墨涅克塞努斯》,这部对雅典阵亡战士葬礼的刻意模仿之作,是如何描绘了公元前五世纪雅典之颓败,这也隐含着对雅典民主政治文化的批评。同样,在《法义》中,柏拉图设想了一种政治—经济生活形式,在其中雅典民主的平等理想也得到了实现——虽然这是一种与雅典截然不同的政制模式。但是,在这两个例子中,柏拉图对(雅典式的)民主政治的回应是受其更宏观的概念进路所引导的,而这一取径从根本上无关于任何政体类型。

普拉多与大部分以发展论解读柏拉图的学者也形成了鲜明对比。他在柏拉图的全部作品中——从早期的所谓"苏格拉底"对话,到《法义》这部柏拉图的最后著作——看到了一条连贯的思路,即聚焦于作为一种技艺的知识的作用上,而这种技艺能统一城邦。对话间的差异并不意味着核心观点的改变。反而,不同对话有着不同的概念目的,它们一一检验着核心观点的不同侧面。普拉多向我们展示,柏拉图是如何在一系列对话中——既有《欧绪德谟》又有《理想国》——得出如下观点:对善的知识既是一种特定类型的技艺,同时,它也能指导人们对其他功用的管理。《理想国》里一个中心议题就是,这样的知识既可以在个体灵魂,也可以在社会—政治层面发挥作用,它是唯一能为个体与城邦之功用带来统一的力量。失去了这种知识的指导,所有政体与灵魂状况都或多或少地变得支离破碎。

虽然《理想国》被公认为柏拉图最核心的政治作品,但事实上它明确地取消了心理学(灵魂论)与政治学的界限,因此,如普拉多所强调,并没有真正地定义一种政治的技艺。只有在《政治家》中,他才特别关心这种政治技艺,其特征是对善的客观知识的联合,以及一种整合城邦的能力(它通过教化而将城邦中的不同要素进行"编织")。《政治家》同样探究了诸如此类的重要的政治问题,比如政府于法律的关系、直接行政治理与借助政体的形式治理之间的关系。

《政治家》有时被看作是柏拉图放弃实现哲人王理想,转而安于一种由宪制法律来治理的"次优政体"的起点。普拉多争辩说,这不是我们理解柏拉图晚期对话的方式,柏拉图依旧坚信,对善的知识应该控制政治的走向;但是在《理想国》以后的对话中,他开始探索这样的观点,即如此这般的知识既能够在直接的政治指导中,也能在政体结构和成文法典中落实。比起将后期对话视作哲学上的妥协标志,普拉多反而认为它们是一次思想历险,柏拉图从不同的方向来推进这样一种想法——政治构造奠基于知识。

在《蒂迈欧》《克里提阿》中,柏拉图把对政治技艺与秩序的钻研同自然宇宙的研究关联起来。借助亚特兰蒂斯神话,柏拉图探究了政治生活的物理维度,并且从土地使用和物质文化的角度出发,来描绘基于理性的、统一的城邦与其对立面之间的对比。在《法义》,这部柏拉图最后也是最长的作品中,他终于以最全面和系统的方式得出了结论——政治技艺,或者说知识,能渗透和统一整个共同体生活。在此,政治技艺以结合体的形态呈现——它综合了直接的行政、政体形式、法律的公共表达、教化还有习俗——并且,它也被看作是在完全物质的、社会的与文化的共同体生活中运作。

《法义》常被当作柏拉图最无趣而缺乏哲学连贯性的作品。普拉多却将其呈现为一部政治杰作,是他这一见解的顶峰——政治技艺提供了共同体的统一。

虽然普拉多此书与早先英语学界的许多研究形成对比,但他的观点与近来一些学者还是很一致。一些英美学者也在质疑柏拉图政治哲学(以及更普遍的柏拉图整体思想)标准的发展图景,这更增加了普拉多对柏拉图政治思想进行有说服力的整体论处理的趣味。总之,就此书本身而言,是新颖而有启发性的学术研究,但也是一部有价值的导论,它向我们展示了柏拉图哲学永远迷人的一面。

译后记

最早和普拉多教授的著作结缘是9年前,当时我准备译注《阿尔喀比亚德前篇》,刘小枫老师寄来相关资料中包括普拉多译注的这篇对话,我在翻译和研究时曾参考过。2013年法国巴黎一大著名古代哲学专家安若澜教授(Annick Jaulin,我系青年学者曾怡的博士导师)来川大讲学时,我曾经向她询问法国学者的情况,她说普拉多教授是目前法国最优秀的青年柏拉图学者(这也印证了英文本序言中吉尔的说法),随后我着手选择翻译一部他的著作,目的是介绍法国柏拉图研究的新进展,因为国内主要关注英美学界的研究,对欧洲特别是法国和意大利学界的引介很少。后来与华东师大出版社六点分社谈了这个想法,马上获得了支持,我们将其列入望江柏拉图研究论丛,现在终于实现了。

2014年秋天,普拉多的导师——法国最著名的柏拉图和柏拉图主义专家吕克·布里松(Luc Brisson)先生(本书即题献给他的)来川大讲学,我们交流得很充分,也谈了望江柏拉图学园和法国科学院"让·丕平研究中心"的合作意向。布里松先生应允成为望江柏拉图学园高级顾问和本论丛顾问。值得一提的是,曾怡翻译了安若澜教授的《亚里士多德的〈形而上学〉》,也由华东师范大学出版社出版了,这样,我们有计划地引介欧洲古代哲学研究的事就算起了个好头。

关于这本小书,我和我指导的研究生陈宁馨经过一年半的努力,终于完成了译稿。当然,陈宁馨作为译者贡献最大,我只负责最后校订和定稿,她本科是法语专业,在望江柏拉图学园和我们一起研读柏拉图有年,所以具备翻译本书的客观条件和能力,后来在翻译中发现她还有自己的汉语风格,这让我很惊讶,也很高兴。翻译中我们同时依据法文本和英译本,因为英译本后出而且有不少增加的内容,因此最终是按照英译本完善的,我希望我们的译文是准确而流畅的,但凡有疏漏错讹,恳请专家学者不吝指正(liang-zhonghe@foxmail.com),也希望更多同仁关注欧陆的古代哲学研究。在此要特别感谢特约编辑陈哲泓,他在最后的校订方面贡献很大,指出了不少疏漏,提出了很好的建议,我们大部分都采纳了。

最后感谢倪为国先生领衔的六点分社团队,特别是长期合作的彭文曼女士,他们为中国的西方古代哲学研究和译介搭建了重要平台,给予了大力支持,做出了卓越贡献,要向他们致敬!

本书为教育部2014年度高等学校全国优秀博士学位论文作者专项资金资助项目"柏拉图主义哲学研究"(批准号:201402)阶段性成果。

梁中和

2016年2月15日

四川大学哲学系·望江柏拉图学园

图书在版编目(CIP)数据

柏拉图与城邦 / (法)普拉多著;陈宁馨译.
--上海:华东师范大学出版社,2016.9
(望江柏拉图研究论丛)
ISBN 978-7-5675-5152-7

Ⅰ.①柏… Ⅱ.①普… ②陈… Ⅲ.①古希腊罗马哲学—研究 Ⅳ.①B502

中国版本图书馆 CIP 数据核字(2016)第 087811 号

华东师范大学出版社六点分社
企划人 倪为国

Platon et la cité
by Jean-François PRADEAU
(《Philosophies》series, 2nd ed. 2010)
Copyright © Presses Universitaires de France
Published by arrangement with Les Presses Universitaires de France
Simplified Chinese Translation Copyright © 2016 by East China Normal University Press Ltd
ALL RIGHTS RESERVED.
上海市版权局著作权合同登记 图字:09 - 2014 - 725 号

望江柏拉图研究论丛
柏拉图与城邦

著　　者　(法)普拉多
译　　者　陈宁馨
校　　者　梁中和
责任编辑　陈哲泓　彭文曼
封面设计　吴元瑛

出版发行　华东师范大学出版社
社　　址　上海市中山北路 3663 号　邮编　200062
网　　址　www.ecnupress.com.cn
电　　话　021 - 60821666　行政传真　021 - 62572105
客服电话　021 - 62865537
门市(邮购)电话　021 - 62869887
地　　址　上海市中山北路 3663 号华东师范大学校内先锋路口
网　　店　http://hdsdcbs.tmall.com

印　刷　者　上海盛隆印务有限公司
开　　本　890×1240　1/32
插　　页　1
印　　张　5.25
字　　数　105 千字
版　　次　2016 年 9 月第 1 版
印　　次　2016 年 9 月第 1 次
书　　号　ISBN 978-7-5675-5152-7/B・1015
定　　价　30.00 元

出版人　王焰

(如发现本版图书有印订质量问题,请寄回本社客服中心调换或电话 021 - 62865537 联系)